GRAMMAIRE DES COMMENÇANTS,

DIVISÉE EN 3 PARTIES :

CONJUGAISON, ANALYSE GRAMMATICALE, ET ORTHOGRAPHE DE PRINCIPES;

avec

DES EXERCICES

SUR CHACUNE DE CES PARTIES.

PAR P.-A. CLOUZET AÎNÉ,
Professeur, et Auteur de différents ouvrages didactiques.

DEUXIÈME ÉDITION, REVUE ET AUGMENTÉE.

Adoptée dans plusieurs Maisons d'éducation et Etablissements primaires.

Prix : 75 cent.

Une Grammaire élémentaire ne peut être que le *résumé écrit* et très-succinct de *leçons verbales* développées avec quelque étendue. — C'est un *mémento* à l'usage de l'Elève, en l'absence du Maître.

BORDEAUX,
CHEZ L'AUTEUR, RUE DU CAHERNAN, 36,
ET CHEZ LES PRINCIPAUX LIBRAIRES.
1842.

COURS

D'ÉTUDES GRAMMATICALES. *

2e DEGRÉ.

* Ce Cours se compose de 3 ouvrages :

1° INTRODUCTION A L'ÉTUDE DE LA GRAMMAIRE FRANÇAISE, ou Exercices d'Orthographe pour le 1er et le 2e âge.

2° GRAMMAIRE DES COMMENÇANTS. — Et Exercices.

3° GRAMMAIRE FRANÇAISE SUR UN PLAN ENTIÈREMENT NOUVEAU. — Et Exercices.

OUVRAGES DE M. CLOUZET AÎNÉ.

Division de la Grammaire, ou Plan d'une Grammaire complète de la langue française. — Tableau synoptique. 10 c.

Introduction a l'étude de la Grammaire française, ou Exercices d'Orthographe pour le 1er et le 2e âge, et en général pour tout commençant. — In-18. (4e édition)........ 50 c.

Petit Traité d'Orthographe, ou Recueil des Règles d'Orthographe les plus utiles pour les commençants, et dont on trouve l'application dans les *Exercices d'Orthographe pour le 1er et le 2e âge*. — In-18........................ 20 c.

Grammaire des Commençants, divisée en 3 parties : Conjugaison, Analyse grammaticale, et Orthographe de principes; avec des *Exercices* sur chacune de ces parties. — In-12. (2e édition).. 75 c.

Grammaire française sur un plan entièrement nouveau, divisée en 5 parties : Conjugaison, Analyse grammaticale, Analyse logique, Orthographe, et Orthologie. — In-12. (2e édition).. 1 fr. 50 c.

Programme de Questions sur les 3 premières parties de cette Grammaire. — In-12.. 10 c.

Exercices de Prononciation française, à l'usage des Étrangers, des Enfants, et des personnes qui ont quelque vice de prononciation. — In-18.. 30 c.

Modèle des quatre Conjugaisons et des différentes espèces de Verbes de la langue française. — Grand tableau synoptique.. 25 c.

Mécanisme de la Conjugaison française, et Application de ce Mécanisme à plus de 1600 verbes considérés, mal-à-propos, par la plupart des Grammairiens, comme difficiles ou irréguliers. — In-12, avec Tableau synoptique....... 20 c.

De l'Analyse grammaticale. — Traité complet en 3 grands tableaux synoptiques.. 75 c.

Petit Traité-pratique des Participes. — In-32. (Ouvrage épuisé).

Collection de petits Tableaux synoptiques pour la Conjugaison et l'Analyse grammaticale.— In-4°. (Ouvrage épuisé).

Résumé des Principes de la Sténographie (système d'Aimé Paris). — 2e édition.— Tableau synoptique, ou in-12. (Ouvrage épuisé).

Pensées morales et Poésies, écrites en caractères sténographiques (d'après le système d'Aimé Paris). — In-12. (Ouvrage épuisé).

Centiloquium ou Recueil de 100 maximes, écrites en caractères sténographiques (d'après le système d'Aimé Paris). — In-24.. 50 c.

Mélanges en Prose et en Vers, écrits en caractères sténographiques (d'après le système de Bertin). — In-12.. 2 fr.

Jeu de tout un peu. — Jeu amusant et instructif pour tous les âges, dédié à ses Elèves. — In-18... .... 1 fr. 50 c.

Echelle des Peuples, ou Epoques de leur origine. — Tableau synoptique.. 10 c.

GRAMMAIRE
DES COMMENÇANTS,

DIVISÉE EN 3 PARTIES :

CONJUGAISON, ANALYSE GRAMMATICALE, ET ORTHOGRAPHE DE PRINCIPES;

avec

DES EXERCICES

SUR CHACUNE DE CES PARTIES.

PAR P.-A. CLOUZET AÎNÉ,
Professeur, et Auteur de différents ouvrages didactiques.

DEUXIÈME ÉDITION, REVUE ET AUGMENTÉE,
Adoptée dans plusieurs Maisons d'éducation et Etablissements primaires.

Prix : 75 cent.

Une Grammaire élémentaire ne peut être que le *résumé écrit* et très-succinct de *leçons verbales* développées avec quelque étendue. — C'est un *mémento* à l'usage de l'Elève, en l'absence du Maître.

BORDEAUX,
CHEZ L'AUTEUR, RUE DU CAHERNAN, 36,
ET CHEZ LES PRINCIPAUX LIBRAIRES.
1842.

Les exemplaires non revêtus de la signature de l'Auteur seront réputés contrefaits.

H. Clouzet aîné.

Bordeaux, imp. de H. Gazay, rue Gouvion, 14.

PRÉFACE.

Cette Grammaire étant destinée aux *Commençants* ne contient pas une seule ligne qui ne soit d'une utilité *actuelle* pour eux; c'est pourquoi on n'y trouvera pas cette foule de règles complètement inutiles, non seulement pour des commençants, mais encore pour des élèves avancés. En effet, quel est l'enfant, arrivé à l'âge d'étudier la Grammaire, qui ne sache déjà par la pratique qu'on dit : *Je vais au jardin*, et non : *à le jardin; la lumière du soleil*, et non : *de le soleil?* — A-t-il besoin d'apprendre que *blanc* fait au féminin *blanche*, que *vieux* fait *vieille?* n'emploie-t-il pas bien ces mots là tous les jours? — Ne sait-il pas déjà qu'on dit : *des chevaux*, et non : *des chevals; des animaux*, et non : *des animals?* — A quoi lui servirait (pour le moment) d'apprendre que *bénéficial* ne fait pas au pluriel *bénéficiaux*, quoique *équinoxial* fasse *équinoxiaux*, et qu'il en est de même de *diamétral, expérimental, trivial*, et autres mots tout aussi barbares pour lui? Qu'a-t-il à faire de toutes ces *curiosités?* ainsi que les appelle M. Lemare; *et comme tout cela lui est utile* (ajoute ce judicieux Grammairien) *pour écrire un petit mot de billet, et pour y mettre l'orthographe!.....*

Et puis, dans quel esprit la plupart des Grammaires élémentaires sont-elles rédigées? En voici un échantillon pris dans la *Grammaire progressive à l'usage des Enfants :* « La Grammaire est la science qui traite de l'expression de « la pensée. La pensée considère les êtres en eux-mêmes, « dans leurs manières d'être, leurs relations, leurs degrés « divers de détermination. La Grammaire doit donc avoir « pour base, des signes d'objets, de modifications, de

« rapports, de déterminations. » (page 17). — Et plus loin, page 56 : « Primitivement on se servait, pour exprimer la perception d'un rapport d'action, du verbe *être* « et des *modatifs actifs*. » — L'ouvrage entier est écrit dans ce style, et toujours *à l'usage des Enfants*. Pauvres enfants, que je les plains!.....

Ouvrons une *petite Grammaire* faite pour les *Écoles primaires;* on lit, page 16 : « C'est le Verbe qui détermine ou l'action ou l'état attribué au sujet de la proposition. » — Comme cela est intelligible pour les enfants qui suivent les Écoles primaires!.....

Voici la définition des *modes*, extraite d'un *petit Manuel* destiné également aux *Écoles primaires :* « On entend par *Modes* des verbes, les différentes manières « d'exprimer l'existence ou l'action, indépendamment du « nombre, de la personne et du temps. » (page 46.)

On trouve dans un *petit Cours de Grammaire* l'explication suivante : « Le Verbe est au mode *Subjonctif*, lorsqu'il exprime l'affirmation d'une manière d'être en la « présentant comme subordonnée, comme *subjointe* à « l'affirmation d'une autre manière d'être. » (page 27.)

Je demande si les Auteurs de ces différents ouvrages (gens de mérite, du reste), ont écrit réellement *pour des Enfants!* Ne se sont-ils pas étrangement trompés?.....

Ce n'est donc pas ainsi qu'il faut procéder si l'on veut obtenir des résultats chez des Elèves qui commencent. La réforme doit porter sur plusieurs points, il faut : 1° Rejeter toutes ces règles inutiles, qui ne font qu'embarrasser pour le moment, parce qu'elles ne conduisent à rien de positif dans la pratique, seule chose importante au début des études grammaticales. — 2° Renoncer à cette rédaction métaphysique, inintelligible pour des enfants. — Et 3° Changer le plan des Grammaires élémentaires; — à cet effet, former autant de parties distinctes de la *Conjugaison*, de l'*Analyse grammaticale*, et de l'*Orthographe de principes ;* — et se borner pour les *Commençants* à ces 3 parties qui peuvent suffire à tous ceux qui étudient les principes de notre langue.

J'ai exposé ailleurs les motifs qui m'ont déterminé à adopter cette division. (Voyez la Préface de ma *Grammaire française sur un plan entièrement nouveau : 3e degré.*)

Des *Exercices* sont placés à la suite de chaque chapitre, avec des indications sur la manière de les faire. Le style de ces Exercices est simple et familier, c'est celui de la conversation, le seul que les enfants puissent facilement comprendre et qui leur permette de faire *avec sûreté* l'application des règles. En général, les Exercices publiés jusqu'à ce jour sont écrits d'un style trop élevé ou trop abstrait, la plupart étant pris dans les Poètes, les Orateurs, et les Moralistes; les exemples sont surtout trop longs et au-dessus de la capacité ordinaire des enfants.

La 1re édition de cette *Grammaire des Commençants* a paru en 1839, et a été adoptée dans plusieurs Maisons d'éducation et Etablissements primaires; j'aime à penser que cette seconde édition beaucoup plus complète (surtout dans les *Exercices*), sera aussi favorablement accueillie, et conduira naturellement les Elèves au 3e degré de mon *Cours d'études grammaticales*.

Puisse ce petit ouvrage épargner quelques chagrins aux Enfants et aider les Professeurs dans leurs laborieuses fonctions!

AVIS ESSENTIEL AUX PROFESSEURS.

Cette Grammaire est divisée en 3 parties précédées de Notions préliminaires. Voici le nom et l'ordre de ces parties :

Notions préliminaires.

1° Conjugaison.
2° Analyse grammaticale.
3° Orthographe de principes.

Il n'est pas nécessaire d'attendre que l'Elève ait terminé une partie pour passer à la suivante, on peut lui faire mener de front les deux premières, (la *Conjugaison* et l'*Analyse grammaticale*); et quand il aura vu environ la moitié de ces deux parties, on pourra lui faire commencer la troisième, (l'*Orthographe de principes*).

Quant aux *Exercices*, on pourra lui en faire faire la moitié de *vive voix* et le reste *par écrit*, surtout s'il n'a pas une certaine habitude de l'écriture, ou si l'on trouve que les Exercices soient trop longs.

Les Professeurs ne doivent pas oublier qu'il faut toujours expliquer une leçon avant de la donner à apprendre dans la Grammaire. (Voyez l'*épigraphe* de cet ouvrage.)

GRAMMAIRE
DES COMMENÇANTS.

NOTIONS PRÉLIMINAIRES.

DES MOTS, DES SYLLABES, ET DES LETTRES.

1. La Grammaire enseigne à *parler* et à *écrire correctement*.
2. Pour parler et pour écrire on se sert de *mots*.
3. Les mots sont composés de *lettres*.
4. Ces lettres forment des *syllabes*.
5. Une syllabe est ce qu'on peut prononcer d'*un seul mouvement de bouche*. Le mot *couteau* exigeant deux mouvements (*cou-teau*) renferme deux syllabes.
6. Pour savoir combien il y a de syllabes dans un mot, il faut compter combien de fois on peut s'arrêter en prononçant ce mot. Ainsi, dans *couverture* on peut s'arrêter 4 fois (*cou-ver-tu-re*); donc il y a 4 syllabes dans ce mot.
7. Une syllabe est composée d'une ou de plusieurs lettres : *a-mour, ils tra-va-illaient.*
8. Il y a 26 lettres dans l'alphabet : *a, b, c, d, e, f, g, h, i, j, k, l, m, n, o, p, q, r, s, t, u, v, w, x, y, z.*
9. Ces 26 lettres se divisent en *voyelles* et en *consonnes*.
10. Il y a 6 voyelles : *a, e, i, o, u, y.*
11. Il y a 20 consonnes : *b, c, d, f, g, h, j, k, l, m, n, p, q, r, s, t, v, w, x, z.*

OBSERVATIONS SUR QUELQUES LETTRES.

12. Il y a 3 sortes d'*e* : l'*e muet*, l'*e fermé*, et l'*e ouvert*.
13. L'*e muet* est celui qu'on entend très-peu : *il criE*; ou qu'on n'entend pas du tout : j'*envoiE*.
14. L'*e fermé* est celui qui se prononce en serrant les dents, et par conséquent la bouche presque fermée : *vÉritÉ*.
15. L'*e ouvert* est celui qui se prononce la bouche plus ou moins ouverte : *procÈs, tÊte, pÈre.*
16. Il y a deux sortes d'*h* : l'*h muette* et l'*h aspirée*.
17. L'*h muette* est celle qui n'empêche pas la liaison des mots : *les Hommes Heureux.*

18. L'*h aspirée* est celle qui empêche la liaison des mots : *les HUSSARDS HARDIS.*

(Voyez le petit livre intitulé : *Introduction à l'étude de la Grammaire française*, ou *Exercices d'Orthographe pour le 1er et le 2e âge*, page 59; on y trouvera de nombreux exemples sur l'*h muette* et sur l'*h aspirée*.)

19. Il y a deux sortes d'*l* : l'*l liquide* et l'*l mouillée*.

20. L'*l liquide* est celle qui se prononce comme dans les mots : *baL, Liquide.*

21. L'*l mouillée* est celle qui se prononce comme dans les mots : *baiL, mouiLLée.*

22. Quand l'*l* est mouillée, elle est précédée d'un *i*.

23. L'*s* entre deux voyelles se prononce comme un *z* : *rose*.

24. L'*y* se prononce de deux manières; comme un *i*, ou comme deux *i*.

25. L'*y* se prononce comme deux *i*, quand il est dans l'intérieur d'un mot après une voyelle : *moyen* (prononcez : *moi-ien*); *pays* (prononcez : *pai-is*).

26. L'*y* se prononce comme un *i* dans tout autre cas, c'est-à-dire s'il n'est pas après une voyelle : *mystère* (prononcez: *mistère*); ou s'il est après une voyelle, mais à la fin d'un mot : *dey* (prononcez *dei*).

DES ACCENTS, DE L'APOSTROPHE, DU TRÉMA, DE LA CÉDILLE, ET DU TRAIT D'UNION.

27. Il y a 3 sortes d'accents : l'accent *aigu* (´), l'accent *grave* (`), et l'accent *circonflexe* (^); exemples : *été, voilà, flûte.*

(Voyez le petit livre déjà cité, page 57; on y trouvera des exemples sur les 3 *sortes d'accents.*)

28. L'*apostrophe* est une espèce d'accent qui se met entre deux lettres pour indiquer qu'il y a une voyelle supprimée : *l'épée* (pour *la épée*); *l'arbre* (pour *le arbre*); *s'il veut* (pour *si il veut*).

(Voyez le petit livre cité, page 58.)

29. On appelle *tréma* deux points qu'on place sur une voyelle pour la faire prononcer séparément de celle qui précède : *haïr* (prononcez : *ha-ir*, et non pas *hair*); *ciguë* (prononcez *cigu-e*, et non pas *cigue*); *Esaü* (prononcez : *Esa-u*, et non pas *Esau*).

(Voyez le petit livre cité, page 58.)

30. La *cédille* est un petit signe qu'on place sous le *c*, pour lui donner le son de l'*s* : *façade, façon, reçu.*

(Voyez le petit livre cité, page 58.)

31. Le *trait d'union* est un petit trait qu'on met entre deux mots pour les joindre : *contre-danse, peut-être, arc-en-ciel.*

(Voyez le petit livre cité, page 58.)

DES SIGNES DE LA PONCTUATION.

32. Les signes de la ponctuation sont la virgule (,), le point-virgule (;), le point (.), les deux points (:), le point d'interrogation (?), et le point d'exclamation (!).

Nota. On apprendra plus tard à employer les signes de la ponctuation.

DU GENRE ET DU NOMBRE.

33. Il y a deux genres : le genre *masculin* et le genre *féminin* : un *père*, un *lion*, un *canif*, sont du genre masculin; une *mère*, une *lionne*, une *plume*, sont du genre féminin.

34. On reconnaît qu'un mot est du genre masculin quand on peut mettre *le* ou *un* devant : LE *père*, UN *père*; LE *lion*, UN *lion*; LE *canif*, UN *canif*.

35. On reconnaît qu'un mot est du genre féminin quand on peut mettre *la* ou *une* devant : LA *mère*, UNE *mère*; LA *lionne*, UNE *lionne*; LA *plume*, UNE *plume*.

36. Il y a deux nombres : le nombre *singulier* et le nombre *pluriel* : *un père, un lion, un canif; une mère, une lionne, une plume*, sont du nombre singulier; *les pères, les lions, les canifs; les mères, les lionnes, les plumes*, sont du nombre pluriel.

37. On reconnaît qu'un mot est du nombre singulier quand il y a devant : *un*, *le*, etc., c'est-à-dire quand il ne s'agit que d'un seul objet.

38. On reconnaît qu'un mot est du nombre pluriel quand il y a devant : *les, des, plusieurs,* etc., c'est-à-dire quand il s'agit de plusieurs objets.

DES DIFFÉRENTES ESPÈCES DE MOTS DE LA LANGUE FRANÇAISE.

39. Tous les mots dont on se sert en parlant ou en écrivant ne sont pas de la même espèce.

40. Il y a dans la langue française dix espèces de mots, qu'on appelle aussi les dix parties du discours; savoir : le *substantif* (ou le nom), l'*article*, l'*adjectif*, le *pronom*, le *verbe*, le *participe*, la *préposition*, l'*adverbe*, la *conjonction*, et l'*interjection*.

EXERCICE SUR CES NOTIONS PRÉLIMINAIRES.

(L'Elève *copiera* plusieurs fois ces exercices ; de plus il les *lira* très-attentivement pour en retenir l'orthographe. Puis le Maître les lui *dictera*.)

Je crie, des hommes habiles, une rose, une oie, de la paille, des habits, je casse, je tutoie, un ballon, une case, des haches, nous bâillons, je remue une baille, des cheveux hérissés, un moyen, une syllabe, Hippolyte, je joue de la basse, des yeux hagards, une analyse, où va-t-il? la voilà, une figue, un saule, haïr, l'épée, un pré, de la ciguë, s'il vient, soyons honnêtes, Saül fut le premier roi des Juifs, l'arbre, il a mon âge, il joue de la flûte, la façade de cette maison.

Voici une cuve, qu'a-t-elle coûté de façon? ce citoyen a été reçu, voyez-vous cet arc-en-ciel? un évènement, quatre-vingt-dix-huit ans, l'hameçon, des ballons, un russe, des mystères, voilà la règle, c'est une ruse, des harengs, une île déserte, des hameçons, voici la base, il s'est cassé une côte, ils sont honteux, il m'envoie des hannetons, l'hyène féroce, du plâtre, le mois d'août, une maladie aiguë, une haie, une mauvaise rosse.

Ils sont hardis, ils sont heureux, cela s'emploie ainsi, des héliotropes, les loups hurlent, un poète, paraître, de la crême, un paralytique, l'hiver, l'huile, se réveiller, de la rouille, un fuseau, un œillet, mon grand-père, nous nous dessaisissons de cela, venez, la cervelle, mes frères travaillaient, ils s'habillaient, un autel, il est discret, un élève, il a du regret, un heureux voyage, elle desserre les dents, je desselle mon cheval, le Dey d'Alger, ils démêlèrent, un paysage, des lentilles, un pays.

Nota. Le Maître ne se bornera pas à dicter cet exercice à l'Elève, il devra lui demander compte de chaque exemple, de la manière suivante :

A quoi se rapporte le premier exemple : *je crie?* L'Elève répondra : à l'*e muet*, qui s'entend très-peu.

A quoi se rapporte l'exemple : *des hommes habiles?* Réponse : à l'*h muette*, qui n'empêche pas la liaison des mots.

A quoi se rapporte l'exemple : *une rose?* Réponse : à l'*s* entre deux voyelles, qui se prononce comme un z.

Et ainsi de suite jusqu'à la fin.

1re PARTIE : CONJUGAISON.

MODÈLE DE LA CONJUGAISON D'UN VERBE (*).

1. Le verbe est un mot qui exprime une *action* ou un *état* : *je cours, je souffre*.

INDICATIF.

PRÉSENT.

J'aime.
Tu aim*es*.
Il aim*e*.
Nous aim*ons*.
Vous aim*ez*.
Ils aim*ent*.

IMPARFAIT.

J'aim*ais*.
Tu aim*ais*.
Il aim*ait*.
Nous aim*ions*.
Vous aim*iez*.
Ils aim*aient*.

PASSÉ DÉFINI.

J'aim*ai*.
Tu aim*as*.
Il aim*a*.
Nous aim*âmes*.
Vous aim*âtes*.
Ils aim*èrent*.

PASSÉ INDÉFINI.

J'ai aimé.
Tu as aimé.
Il a aimé.
Nous avons aimé.
Vous avez aimé.
Ils ont aimé.

PASSÉ ANTÉRIEUR.

J'eus aimé.
Tu eus aimé.
Il eut aimé.
Nous eûmes aimé.
Vous eûtes aimé.
Ils eurent aimé.

PLUSQUE-PARFAIT.

J'avais aimé.
Tu avais aimé.
Il avait aimé.
Nous avions aimé.
Vous aviez aimé.
Ils avaient aimé.

FUTUR SIMPLE.

J'aime*rai*.
Tu aime*ras*.
Il aime*ra*.
Nous aime*rons*.
Vous aime*rez*.
Ils aime*ront*.

FUTUR COMPOSÉ.

J'aurai aimé.
Tu auras aimé.
Il aura aimé.
Nous aurons aimé.
Vous aurez aimé.
Ils auront aimé.

(*) L'Elève qui n'aura jamais conjugué de verbe, devra *copier* celui-ci. Quand il l'aura copié 2 ou 3 fois au moins, on lui fera *souligner les terminaisons*, qui sont ici en caractères italiques ; puis on lui fera conjuguer d'autres verbes (en *er*) sur ce modèle. — Pendant ce temps-là on lui expliquera ce qui suit sur les *modes*, les *temps*, etc., etc.

CONDITIONNEL.

PRÉSENT ET FUTUR.

J'aim*erais*.
Tu aim*erais*.
Il aim*erait*.
Nous aim*erions*.
Vous aim*eriez*.
Ils aim*eraient*,

PASSÉ.

J'aurais aimé.
Tu aurais aimé.
Il aurait aimé.
Nous aurions aimé.
Vous auriez aimé.
Ils auraient aimé.

AUTRE PASSÉ.

J'eusse aimé.
Tu eusses aimé.
Il eût aimé.
Nous eussions aimé.
Vous eussiez aimé.
Ils eussent aimé.

IMPÉRATIF.

PRÉSENT ET FUTUR.

....
Aim*e*.
....
Aim*ons*.
Aim*ez*.
....

SUBJONCTIF.

PRÉSENT ET FUTUR.

Que j'aim*e*.
Que tu aim*es*.
Qu'il aim*e*.
Que nous aim*ions*.
Que vous aim*iez*.
Qu'ils aim*ent*.

IMPARFAIT.

Que j'aim*asse*.
Que tu aim*asses*,
Qu'il aim*ât*.
Que nous aim*assions*.
Que vous aim*assiez*.
Qu'ils aim*assent*.

PASSÉ.

Que j'aie aimé.
Que tu aies aimé.
Qu'il ait aimé.
Que nous ayons aimé.
Que vous ayez aimé.
Qu'ils aient aimé.

PLUSQUE-PARFAIT.

Que j'eusse aimé.
Que tu eusses aimé.
Qu'il eût aimé.
Que nous eussions aimé.
Que vous eussiez aimé.
Qu'ils eussent aimé.

INFINITIF.

PRÉSENT ET FUTUR.

Aim*er*.

PASSÉ.

Avoir aimé.

PARTICIPE PRÉSENT.

Aim*ant*.

PARTICIPE PASSÉ.

Aim*é*, aimée.
Aimés, aimées.
Ayant aimé.

EXERCICE.

L'Elève conjuguera sur ce modèle les verbes suivants :

Chanter, *Sauter*, *Regarder*, *Estimer*, *Etonner*, *Ordonner*, *Gâter*, *Chauffer*, *Flatter*, *Traiter*, *Nommer*, *User*, *Siffler*, *Attacher*, *Attaquer*, *Attraper*, *Empêcher*, *Allumer*, *Solliciter*, *Laisser*, *Etc., etc.*

DES MODES, DES TEMPS, ET DES PERSONNES.

2. Il y a dans un verbe 5 modes : l'*indicatif*, le *conditionnel*, l'*impératif*, le *subjonctif*, et l'*infinitif*.

3. Il y a 19 temps dans la conjugaison d'un verbe.

4. Voici la distribution de ces temps : il y en a 8 au mode indicatif, savoir : le *présent*, l'*imparfait*, le *passé défini*, le *passé indéfini*, le *passé antérieur*, le *plusque-parfait*, le *futur simple*, et le *futur composé*. — 2 au mode conditionnel : le *présent et futur*, et le *passé* (il y a 2 passés). — 1 au mode impératif : le *présent et futur*. — 4 au mode subjonctif : le *présent et futur*, l'*imparfait*, le *passé*, et le *plusque-parfait*. — 4 au mode infinitif : le *présent et futur*, le *passé*, le *participe présent*, et le *participe passé*.

5. Le mot *temps* signifie l'*époque*, le *moment* où se passe l'action exprimée par le verbe.

6. Il y a 3 temps principaux : le *présent*, le *passé*, et le *futur*.

Le présent est le moment où l'on est. Le passé est le moment qui n'est plus. Le futur est le moment à venir.

7. Si, dans la conjugaison d'un verbe, on compte 19 temps, c'est qu'il y a plusieurs présents, plusieurs passés, et plusieurs futurs ; en effet, il y a le présent de l'indicatif, le présent du conditionnel, le présent de l'impératif, le présent du subjonctif, et le présent de l'infinitif.

8. Le présent n'a qu'un nom : *présent*.

9. Le passé a plusieurs noms : *imparfait* et *plusque-parfait*.

10. Le futur n'a qu'un nom : *futur*.

11. Il y a 3 personnes à chaque temps : 3 au singulier, et 3 au pluriel.

12. On reconnaît les personnes au moyen des mots : *je*, *tu*, *il* ou *elle*, *nous*, *vous*, *ils* ou *elles*.

Ces mots s'appellent des *pronoms personnels*.

13. *je*, indique la 1re personne du singulier.
tu, = la 2e personne du singulier.
il ou *elle*, = la 3e personne du singulier.
nous, = la 1re personne du pluriel.
vous, = la 2e personne du pluriel.
ils ou *elles*, = la 3e personne du pluriel.

14. La 1re personne est celle qui parle : *j'aime*, *n.. aimons*.

15. La 2e personne est celle à qui l'on parle : *tu aimes*, *vous aimez*.

16. La 3e personne est celle de qui l'on parle : *il aime*, *ils aiment*.

OBSERVATIONS SUR QUELQUES MODES.

17. Il y a 2 modes qui n'ont pas de pronoms, c'est l'impératif et l'infinitif : *aime, aimons, aimez.* — *Aimer, avoir aimé, aimant, aimé.*

18. L'impératif n'a pas toutes les personnes. Il n'a que la 2e personne du singulier, puis la 1re et la 2e personne du pluriel. — Les personnes qui manquent à l'impératif sont donc la 1re et la 3e du singulier, ainsi que la 3e du pluriel.

18(*bis*). L'*impératif* est un mode qui sert à commander, à prier de faire quelque chose : *travaille, travaillons, travaillez.*

19. Il y a au subjonctif un mot de plus qu'aux autres modes ; c'est le mot *que* (qu'on appelle une *conjonction*) : QUE *j'aime*, QUE *j'aimasse*, QUE *j'aie aimé*, QUE *j'eusse aimé.*

20. L'infinitif est un mode qui n'a ni nombre ni personne. — On l'appelle *mode invariable* : l'infinitif est le seul mode invariable.

21. Il y a cependant à l'infinitif un temps qui est quelquefois *variable*, c'est le *participe passé*; ce temps peut prendre le genre et le nombre, puisqu'on dit *aimé*, au masculin singulier. — *aimée*, au féminin singulier. — *aimés*, au masculin pluriel. — et *aimées*, au féminin pluriel.

DES TEMPS SIMPLES ET DES TEMPS COMPOSÉS.

22. On divise les temps d'un verbe en temps *simples* et en temps *composés.*

23. Un temps simple est celui qui ne contient que le verbe que l'on conjugue : *j'aime, j'aimais, j'aimai, j'aimerai*, etc.

24. Un temps composé est celui qui renferme le verbe que l'on conjugue et le mot *j'ai*, ou *j'eus*, ou *j'avais*, ou *j'aurai*, etc., qui est aussi un verbe : *j'ai aimé, j'eus aimé, j'avais aimé, j'aurai aimé*, etc.

25. Cet autre verbe *j'ai, j'eus, j'avais*, etc., s'appelle *verbe auxiliaire*, c'est-à-dire verbe qui *aide* à conjuguer les autres, car on le retrouve dans la conjugaison des autres verbes, aux temps composés : J'AI *chanté*, J'EUS *sauté*, J'AVAIS *regardé*, etc.

26. Il y a 2 verbes auxiliaires, *avoir* et *être* : J'AI *aimé*, JE SUIS *arrivé*. — (On verra plus tard l'emploi de l'auxiliaire *être*.)

27. Il y a 11 temps simples ; 4 à l'indicatif : le *présent*,

l'*imparfait*, le *passé défini*, et le *futur simple*. — 1 au conditionnel : le *présent et futur*. — 1 à l'impératif : le *présent et futur*. — 2 au subjonctif : le *présent et futur*, et l'*imparfait*. — 3 à l'infinitif : le *présent et futur*, le *participe présent*, et le *participe passé*.

28. Il y a 9 temps composés : 4 à l'indicatif : le *passé indéfini*, le *passé antérieur*, le *plusque-parfait*, et le *futur composé*. — 1 au conditionnel : le *passé*. — 2 au subjonctif : le *passé*, et le *plusque-parfait*. — 2 à l'infinitif : le *passé*, et le *participe passé*.

29. Le participe passé figure à la fois dans les temps simples et dans les temps composés, parce qu'en effet le commencement est simple : *aimé, aimée, aimés, aimées*; — et le reste est composé : *ayant aimé*.

DE LA TERMINAISON DES 11 TEMPS SIMPLES.

30. Voici la terminaison des 11 temps simples du verbe *aimer* :

	SINGULIER.			PLURIEL.		
	1re. PERS.	2e. PERS.	3e. PERS.	1re. PERS.	2e. PERS.	3e. PERS.
IND. PRÉSENT.	e	es	e	ons	ez	ent
IMPARFAIT.	ais	ais	ait	ions	iez	aient
PASSÉ DÉFINI.	ai	as	a	âmes	âtes	èrent
FUTUR SIMPLE.	rai	ras	ra	rons	rez	ront
COND. PRÉS.	rais	rais	rait	rions	riez	raient
IMPÉRATIF.	...	e	...	ons	ez	...
SUBJ. PRÉSENT.	e	es	e	ions	iez	ent
IMPARFAIT.	asse	asses	ât	assions	assiez	assent
INF. PRÉSENT.	er					
PART. PRÉSENT.	ant					
PART. PASSÉ.	e					

EXERCICE.

(L'Elève *copiera* ce tableau plusieurs fois ; puis il l'*écrira de mémoire*.)

31. Tous les verbes ne se terminent pas comme le verbe *aimer*. Il y a des différences dans plusieurs temps.

32. En effet, les 3 personnes singulières du présent de l'indicatif offrent les différences suivantes :

Le verbe *finir* fait : *je finis, tu finis, il finiT*.
Le verbe *vouloir* fait : *je veuX, tu veuX, il veuT*.
Le verbe *rendre* fait : *je renDS, tu renDS, il renD*.
Le verbe *battre* fait : *je baTS, tu baTS, il baT*.
Le verbe *vaincre* fait : *je vaincs, tu vaincs, il vainc*.

33. Ainsi donc, les 3 personnes singulières du présent de l'indicatif se terminent de 6 manières :

1re manière : *e, es, e*.
2e manière : *s, s, t*.
3e manière : *x, x, t*.
4e manière : *ds, ds, d*.
5e manière : *ts, ts, t*.
6e manière : *cs, cs, c*.

34. De même, au passé défini.

Le verbe *finir* fait :
je fin*is*, tu fin*is*, il fin*it*, n. fin*îmes*, v. fin*îtes*, ils fin*irent*.
Le verbe *recevoir* fait :
je reç*us*, tu reç*us*, il reç*ut*, n. reç*ûmes*, v. reç*ûtes*, ils reç*urent*.
Le verbe *venir* fait :
je v*ins*, tu v*ins*, il v*int*, n. v*înmes*, v. v*întes*, ils v*inrent*.

35. De sorte que le passé défini se termine de 4 manières :

1re man. : *ai, as, a, âmes, âtes, èrent*.
2e man. : *is, is, it, îmes, îtes, irent*.
3e man. : *us, us, ut, ûmes, ûtes, urent*.
4e man. : *ins, ins, int, înmes, întes, inrent*.

36. La 2e personne singulière de l'impératif se termine de 6 manières (comme la 1re personne singulière du présent de l'indicatif) :

1re manière : *e*, aim*e*.
2e manière : *s*, fini*s*.
3e manière : *x*, vau*x*.
4e manière : *ds*, ren*ds*.
5e manière : *ts*, ba*ts*.
6e manière : *cs*, vain*cs*.

37. L'imparfait du subjonctif se termine de 4 manières qui correspondent aux 4 terminaisons du passé défini :

que j'aim*asse*, que je fin*isse*, que je reç*usse*, que je v*insse*.

1re man. : *asse, asses, ât, assions, assiez, assent.*
2e man. : *isse, isses, ît, issions, issiez, issent.*
3e man. : *usse, usses, ût, ussions, ussiez, ussent.*
4e man. : *insse, insses, înt, inssions, inssiez, inssent.*

38. Le présent de l'indicatif se termine de 4 manières : aim*er*, fin*ir*, recev*oir*, rend*re*.

C'est ce qu'on appelle *les 4 conjugaisons*.

La 1re *conj.* a le présent de l'infinitif terminé en *er*.
La 2e *conj.* a le présent de l'infinitif terminé en *ir*.
La 3e *conj.* a le présent de l'infinitif terminé en *oir*.
La 4e *conj.* a le présent de l'infinitif terminé en *re*.

39. Tous les verbes de la langue française se terminent au présent de l'infinitif d'une de ces 4 manières :

1re conjugaison : aim*er*, dans*er*, saut*er*, estim*er*, donn*er*, chant*er*, gât*er*, cass*er*, travaill*er*, dîn*er*, regard*er*, etc.

2e conjugaison : fin*ir*, guér*ir*, pun*ir*, réun*ir*, bén*ir*, sais*ir*, obé*ir*, trah*ir*, rempl*ir*, nourr*ir*, adouc*ir*, etc.

3e conjugaison : recev*oir*, apercev*oir*, concev*oir*, dev*oir*, v*oir*, voul*oir*, sav*oir*, pouv*oir*, prév*oir*, av*oir*, etc.

4e conjugaison : rend*re*, vend*re*, perd*re*, mord*re*, fond*re*, tord*re*, fend*re*, ri*re*, coud*re*, batt*re*, êt*re*, etc.

40. Le participe passé se termine de plusieurs manières; les plus usitées sont les 3 suivantes : *é*, *i*, *u* (aim*é*, fin*i*, reç*u*). — L'usage apprendra les autres terminaisons.

41. On trouve le présent de l'infinitif en mettant *je veux* ou *il faut* avant le verbe :

(Je *meurs*) — je veux *mourir*.
(Je *souffre*) — il faut *souffrir*.

42. On trouve le participe passé en mettant *j'ai* ou *je suis* avant le verbe :

(Je *finirai*) — j'ai *fini*.
(J'*arrive*) — je suis *arrivé*.

43. On reconnaît la dernière lettre d'un participe passé en le mettant au féminin, c'est-à-dire en y ajoutant un *e muet* :

fini — *fini*E.
écrit — *écrit*E.
assis — *assis*E.

En retranchant l'*e* muet, on a le participe passé écrit comme il doit l'être.

EXERCICE SUR LE N° 33.

(L'Elève cherchera le *présent de l'indicatif* des verbes suivants, et *écrira* dans son cahier *les 3 personnes du sing.*)

Adorer, offrir, retirer, parler, ouvrir, cueillir, travailler, tressaillir, louer, remuer, distribuer, oublier, prier, avouer. — Finir, bénir, recevoir, boire, mourir, courir, croire, voir, partir, sortir, apercevoir, suivre, servir. — Vouloir, pouvoir, valoir, prévaloir, équivaloir. — Rendre, perdre, coudre, moudre, fondre, prendre, mordre, vendre. — Mettre, battre, remettre, combattre, promettre, abattre, admettre, débattre. — Vaincre, convaincre.

EXERCICE SUR LES N°s 35 ET 37.

(L'Elève cherchera le *passé défini* et l'*imparfait du subjonctif* des verbes suivants, et les *écrira* dans son cahier.)

Chanter, arriver, parler, dîner, souper, danser, travailler, regarder, aller. — Finir, faire, voir, rendre, mettre, guérir, bénir, partir, sortir. — Recevoir, lire, mourir, vouloir, savoir, courir, boire, pouvoir, connaître, paraître. — Venir, tenir, prévenir, parvenir, retenir, survenir, contenir, appartenir.

EXERCICE SUR LE N° 41.

(L'Elève cherchera le *présent de l'infinitif* des verbes suivants, et *écrira ces infinitifs* dans son cahier.)

J'ouvre, je bats, je mourrai, je mets, nous moudrons, vous cousez, tu vas, il a offert, tu auras, nous avons pris, je nuisis, je plains, vous haïssez, tu plais, il peint, je peigne, tu suivis, il a vécu, je conclurai, j'attribuerai, tu as fui, je tiendrai, je sens, je crée, j'aperçois, j'écris, je travaillerai, il a mordu, j'ai permis, je connais, il veut, tu sais, elle croyait, nous voyons, vous faites, nous essayâmes.

EXERCICE SUR LES N°s 42 ET 43.

(L'Elève cherchera le *participe passé* des verbes suivants, et *écrira ces participes* au *masculin* et au *féminin*.)

Offrir, créer, battre, assaillir, mourir, sortir, confire, coudre, cuire, haïr, joindre, mettre, moudre, naître, ouvrir, peindre, plaindre, rompre, sentir, suivre, vaincre, vêtir, couvrir, conclure, entrer, croire, exclure, partir, tutoyer, faire, tenir, venir, asseoir, avoir, prendre, dire, conduire, apercevoir, boire, prévoir, voir, savoir, aller, fendre, concevoir, nourrir, lier, monter, descendre, convaincre, acquérir, introduire, promettre, maudire, poursuivre, relier, soumettre, assortir, abattre, bouillir, reconnaître, écrire, instruire, relire, repartir, réduire, souffrir.

44. Voici le tableau général de la terminaison des 11 temps simples, pour servir de résumé à ce qui a été dit depuis le nº 30.

Terminaisons des 11 temps simples.

	SINGULIER.			PLURIEL.		
	1re. pers.	2e pers.	3e. pers.	1re. pers.	2e. pers.	3e. pers.
Ind. présent.	e s x ds ts cs	es s x ds ts cs	e t t d t c	ons	ez	ent
Imparfait.	ais	ais	ait	ions	iez	aient
Passé défini.	ai is us ins	as is us ins	a it ut int	âmes îmes ûmes înmes	âtes îtes ûtes întes	èrent irent urent inrent
Futur simple.	rai	ras	ra	rons	rez	ront
Cond. prés.	rais	rais	rait	rions	riez	raient
Impér. prés.	......	e s x ds ts cs	......	ons	ez	......
Subj. présent.	e	es	e	ions	iez	ent
Imparfait.	asse isse usse insse	asses isses usses insses	ât ît ût înt	assions issions ussions inssions	assiez issiez ussiez inssiez	assent issent ussent inssent
Inf. présent.	er ir oir re					
Part. présent.	ant					
Part. passé.	é, i, u, etc., etc.					

EXERCICE.

(L'Elève *copiera* ce tableau plusieurs fois; puis il l'*écrira de mémoire.*)

REMARQUES SUR LES 6 TERMINAISONS DU PRÉSENT DE L'INDICATIF.

45. La terminaison *e, es, e*, du présent de l'indicatif est principalement celle des verbes en *er :*

(*Envoyer*). *J'envoie, tu envoies, il envoie.*

(*Employer*). *J'emploie, tu emploies, il emploie.*

(*Créer*). *Je crée, tu crées, il crée.*

(*Lier*). *Je lie, tu lies, il lie.*

46. La terminaison *x, x, t*, est celle des 3 verbes *pouvoir, vouloir, valoir* (et des 3 dérivés : *équivaloir, prévaloir,* et *revaloir*) :

(*Pouvoir*). *Je peux, tu peux, il peut.*

(*Vouloir*). *Je veux, tu veux, il veut.*

(*Valoir*). *Je vaux, tu vaux, il vaut.*

47. La terminaison *ds, ds, d*, est celle des verbes en *dre*, comme *rendre, perdre, coudre*, etc.

(*Rendre*). *Je rends, tu rends, il rend.*

(*Perdre*). *Je perds, tu perds, il perd.*

(*Coudre*). *Je couds, tu couds, il coud.*

48. Il faut excepter de cette règle les verbes en *indre* et en *soudre*, comme *peindre, craindre, absoudre, résoudre*, etc., ils se terminent par *s, s, t :*

(*Peindre*). *Je peins, tu peins, il peint.*

(*Craindre*). *Je crains, tu crains, il craint.*

(*Absoudre*). *J'absous, tu absous, il absout.*

(*Résoudre*). *Je résous, tu résous, il résout.*

49. La terminaison *ts, ts, t*, est celle des verbes en *ttre* (avec deux *t*), comme *battre, mettre*, etc.

(*Battre*). *Je bats, tu bats, il bat.*

(*Mettre*). *Je mets, tu mets, il met.*

50. La terminaison *cs, cs, c*, est celle des verbes en *cre*, comme *vaincre, convaincre :*

(*Vaincre*). *Je vaincs, tu vaincs, il vainc.*

(*Convaincre*). *Je convaincs, tu convaincs, il convainc.*

51. La terminaison *s, s, t*, est celle des verbes qui ne sont pas soumis aux règles précédentes :

(*Mourir*). *Je meurs, tu meurs, il meurt.*

(*Courir*). *Je cours, tu cours, il court.*

(*Faire*). *Je fais, tu fais, il fait.*

EXERCICE SUR LES N°s 45 ET SUIVANTS, JUSQU'A 51.

(L'Elève écrira les verbes suivants aux 3 *personnes singulières* du présent de l'indicatif.)

Lier, lire, confier, confire, parer, partir, relier, relire, serrer, servir, dorer, dormir, crier, écrire, envoyer, voir, employer, croire, distribuer, conclure, attribuer, exclure, envier, vivre, prier, rire, dédier, dire, essuyer, suivre, suppléer, plaire, créer, distraire, adorer, sortir, trouer, résoudre, pouvoir, parcourir, mourir, rompre, vouloir, interrompre, valoir, rendre, peindre, prendre, plaindre, fondre, craindre, perdre, joindre, moudre, absoudre, coudre, résoudre, mettre, connaître, battre, naître, abattre, vaincre, promettre, faire, convaincre, combattre, prévaloir, dissoudre, jouer, nuire, oublier, agréer, vérifier, savoir, paraître.

DE LA FORMATION DES TEMPS.

52. Il y a des temps qui servent à en former d'autres; on les appelle *temps primitifs*.

53. Les temps formés par les temps primitifs s'appellent *temps dérivés*.

54. Il y a 5 *temps primitifs*, savoir :

1° La 1re personne singulière du présent de l'indicatif.
2° Le passé défini.
3° Le présent de l'infinitif.
4° Le participe présent.
5° Le participe passé.

55. Voici comment ces 5 temps primitifs forment tous les autres :

I. *La 1re personne singulière du présent de l'indicatif* forme la 2e et la 3e personne singulière du même temps, de la manière suivante :

= Quand la 1re personne se termine par un *e muet*, la 2e personne ajoute une *s*, et la 3e est semblable à la 1re :
J'aime, tu aim*es*, il aim*e*.

= Quand la 1re personne se termine par *s* ou par *x*, la 2e personne est semblable à la 1re, et la 3e change *s* ou *x* en *t* :
Je fini*s*, tu fini*s*, il fini*t*.
Je veu*x*, tu veu*x*, il veu*t*.

= Quand la 1re personne se termine par *ds*, *ts*, ou *cs*, la 2e personne est semblable à la 1re, et la 3e retranche *s*, (il reste alors *d*, *t*, *c*.) :

Je ren*ds*, tu ren*ds*, il ren*d*.
Je ba*ts*, tu ba*ts*, il ba*t*.
Je vain*cs*, tu vain*cs*, il vain*c*.

La 1re personne singulière du présent de l'indicatif forme aussi la 2e personne singulière de l'impératif, en retranchant le pronom *je : j'aime..... aime. — Je finis..... finis. — Je vaux..... vaux. — Je rends..... rends.*

56. II. Le *passé défini* forme l'imparfait du subjonctif en changeant *ai* en *asse*, *is* en *isse*, *us* en *usse*, *ins* en *insse : j'aimai..... que j'aimasse. — Je finis..... que je finisse. — Je reçus..... que je reçusse. — Je vins..... que je vinsse.*

57. III. Le *présent de l'infinitif* forme le futur de l'indicatif en changeant *r* en *rai* pour les verbes de la 1re et de la 2e conjugaison : *aimer..... j'aimerai. — finir..... je finirai.*

— En changeant *oir* en *rai* pour les verbes de la 3e conjugaison : *recevoir..... je recevrai.*

— En changeant *re* en *rai* pour les verbes de la 4e conjugaison : *rendre..... je rendrai.*

Le *présent de l'infinitif* forme aussi le présent du conditionnel en changeant *r*, *oir*, ou *re*, en *rais : aimer..... j'aimerais. — Finir..... je finirais. — Recevoir..... je recevrais. — Rendre..... je rendrais.*

58. IV. Le *participe présent* forme les 3 pers. plur. du présent de l'indicatif en changeant *ant* en *ons*, *ez*, *ent : aimant..... nous aimons, vous aimez, ils aiment.*

Le *participe présent* forme aussi l'imparfait de l'indic. en changeant *ant* en *ais : aimant..... j'aimais.*

Le *participe présent* forme aussi les 2 pers. plur. de l'impératif, en changeant *ant* en *ons*, *ez : aimant..... aimons, aimez.*

Le *participe présent* forme aussi le présent du subj., en changeant *ant* en *e muet : aimant..... que j'aime.*

59. V. Le *participe passé* forme tous les temps composés en y ajoutant l'auxiliaire *avoir* ou l'auxiliaire *être : aimé..... j'ai aimé, j'eus aimé, j'avais aimé*, etc. — *Arrivé..... je suis arrivé, je fus arrivé, j'étais arrivé*, etc.

60. MODÈLE D'UN VERBE CONJUGUÉ AVEC L'INDICATION DES TEMPS PRIMITIFS.

Verbe *TRAVAILLER*.

Temps primitifs.

1. Je travaille.
2. Je travaillai.
3. Travailler.
4. Travaillant.
5. Travaillé.

INDICATIF.

PRÉSENT.

Je travaill*e*.
(Je travaille.)
Tu travaill*es*.
Il travaill*e*.
(Travaill*ant*.)
Nous travaill*ons*.
Vous travaill*ez*.
Ils travaill*ent*.

IMPARFAIT.
(Travaillant.)

Je travaill*ais*.
Tu travaill*ais*.
Il travaill*ait*.
Nous travaill*ions*.
Vous travaill*iez*.
Ils travaill*aient*.

PASSÉ DÉFINI.

Je travaill*ai*.
Tu travaill*as*.
Il travaill*a*.
Nous travaill*âmes*.
Vous travaill*âtes*.
Ils travaill*èrent*.

PASSÉ INDÉFINI
(Travaillé.)

J'ai travaillé.
Tu as travaillé.
Il a travaillé.
Nous avons travaillé.
Vous avez travaillé.
Ils ont travaillé.

PASSÉ ANTÉRIEUR.
(Travaillé.)

J'eus travaillé.
Tu eus travaillé.
Il eut travaillé.
Nous eûmes travaillé.
Vous eûtes travaillé.
Ils eurent travaillé.

PLUSQUE-PARFAIT.
(Travaillé.)

J'avais travaillé.
Tu avais travaillé.
Il avait travaillé.
Nous avions travaillé.
Vous aviez travaillé.
Ils avaient travaillé.

FUTUR SIMPLE.
(Travailler.)

Je travaille*rai*.
Tu travaille*ras*.
Il travaille*ra*.
Nous travaille*rons*.
Vous travaille*rez*.
Ils travaille*ront*.

FUTUR COMPOSÉ.
(Travaillé.)

J'aurai travaillé.
Tu auras travaillé.
Il aura travaillé.
Nous aurons travaillé.
Vous aurez travaillé.
Ils auront travaillé.

CONDITIONNEL.

PRÉSENT ET FUTUR.
(Travailler.)

Je travaille*rais*.
Tu travaille*rais*.
Il travaille*rait*.
Nous travaille*rions*.
Vous travaille*riez*.
Ils travaille*raient*.

PASSÉ.
(Travaillé.)

J'aurais travaillé.
Tu aurais travaillé.
Il aurait travaillé.
Nous aurions travaillé.
Vous auriez travaillé.
Ils auraient travaillé.

AUTRE PASSÉ.
(Travaillé.)

J'eusse travaillé.
Tu eusses travaillé.
Il eût travaillé.
Nous eussions travaillé.

Vous eussiez travaillé.
Ils eussent travaillé.

IMPÉRATIF.

PRÉSENT ET FUTUR.

....
(Je travaille.).
Travaille.
....
(Travaillant.)
Travaill*ons*.
Travaill*ez*.
....

SUBJONCTIF.

PRÉSENT ET FUTUR.

(Travaillant.)
Que je travaille.
Que tu travaill*es*.
Qu'il travaill*e*.
Que nous travaill*ions*.
Que vous travaill*iez*.
Qu'ils travaill*ent*.

IMPARFAIT.

(Je travaillai.)
Que je travaill*asse*.
Que tu travaill*asses*.
Qu'il travaill*ât*.
Que nous travaill*assions*.
Que vous travaill*assiez*.
Qu'ils travaill*assent*.

PASSÉ.

(Travaillé.)
Que j'aie travaillé.
Que tu aies travaillé.
Qu'il ait travaillé.
Que nous ayons travaillé.
Que vous ayez travaillé.
Qu'ils aient travaillé.

PLUSQUE-PARFAIT.

(Travaillé.)
Que j'eusse travaillé.
Que tu eusses travaillé.
Qu'il eût travaillé.
Que nous eussions travaillé.
Que vous eussiez travaillé.
Qu'ils eussent travaillé.

INFINITIF.

PRÉSENT ET FUTUR.

Travaill*er*.

PASSÉ.

(Travaillé.)
Avoir travaillé.

PARTICIPE PRÉSENT.

Travaill*ant*.

PARTICIPE PASSÉ.

Travaillé, travaillée.
Travaillés, travaillées.
(Travaillé.)
Ayant travaillé.

61. EXERCICE.

(L'Elève conjuguera les verbes suivants d'après le modèle qui précède, c'est-à-dire qu'il écrira avant chaque temps dérivé, le temps primitif qui sert à le former.)

Assaillir : j'assaille, j'assaillis, assaillir, assaillant, assailli.

Asservir : j'asservis, j'asservis, asservir, asservissant, asservi.

Assortir : j'assortis, j'assortis, assortir, assortissant, assorti.

Battre : je bats, je battis, battre, battant, battu.

Connaître : je connais, je connus, connaître, connaissant, connu.

Contredire : je contredis, je contredis, contredire, contredisant, contredit.

Coudre : je couds, je cousis, coudre, cousant, cousu.

Ecrire : j'écris, j'écrivis, écrire, écrivant, écrit.

Haïr : je hais, je haïs, haïr, haïssant, haï.

Instruire : j'instruis, j'instruisis, instruire, instruisant, instruit.

Joindre : je joins, je joignis, joindre, joignant, joint.
Lire : je lis, je lus, lire, lisant, lu.
Maudire : je maudis, je maudis, maudire, maudissant, maudit.
Mentir : je mens, je mentis, mentir, mentant, menti.
Mettre : je mets, je mis, mettre, mettant, mis.
Moudre : je mouds, je moulus, moudre, moulant, moulu.
Offrir : j'offre, j'offris, offrir, offrant, offert.
Ouvrir : j'ouvre, j'ouvris, ouvrir, ouvrant, ouvert.
Paraître : je parais, je parus, paraître, paraissant, paru.
Peindre : je peins, je peignis, peindre, peignant, peint.
Plaindre : je plains, je plaignis, plaindre, plaignant, plaint.
Plaire : je plais, je plus, plaire, plaisant, plu.
Réduire : je réduis, je réduisis, réduire, réduisant, réduit.
Résoudre : je résous, je résolus, résoudre, résolvant, résolu.
Rire : je ris, je ris, rire, riant, ri.
Rompre : je romps, je rompis, rompre, rompant, rompu.
Sentir : je sens, je sentis, sentir, sentant, senti.
Servir : je sers, je servis, servir, servant, servi.
Souffrir : je souffre, je souffris, souffrir, souffrant, souffert.
Suivre : je suis, je suivis, suivre, suivant, suivi.
Taire : je tais, je tus, taire, taisant, tû (tue, tus, tues).
Vaincre : je vaincs, je vainquis, vaincre, vainquant, vaincu.
Vêtir : je vêts, je vêtis, vêtir, vêtant, vêtu.
Vivre : je vis, je vécus, vivre, vivant, vécu.

62. EXERCICE SUR LA FORMATION DE CERTAINS TEMPS DÉRIVÉS.

(L'Elève relira attentivement les règles de la *Formation des temps*, depuis le nº 55 jusqu'au nº 58 compris, page 15 et 16; ainsi que le tableau général de la *Terminaison des* 11 *temps simples*, page 13 ; puis il conjuguera les verbes suivants aux temps indiqués ci-dessous.)

1º Au *futur* et au *conditionnel* : lier, lire, confier, confire, relier, relire, ramper, rompre, crier, écrire, créer, extraire, contribuer, conclure, distribuer, exclure, envier, rire, dédier, dire, souder, moudre, agréer, distraire, jouer, plaire, louer, avouer, tirer, desirer, suppléer, tuer, taire, scier, cirer, nouer, serrer, parer, récréer, fuir, cuire, colorer, procurer, plaindre, plaider.

2° Aux *deux premières personnes plurielles* du *présent de l'indicatif*, de *l'imparfait de l'indicatif*, et du *présent du subjonctif* : travailler, prier, employer, piller, crier, effrayer, gagner, fuir, vérifier, signer, publier, tailler, oublier, soigner, croire, voir, ennuyer, nier, conseiller, briller, rire, appuyer, veiller, enseigner, essayer, envoyer.

3° Au *présent de l'indicatif*, et au *participe passé* (*masculin* et *féminin*, *singulier* et *pluriel*) : créer, suppléer, agréer, récréer.

4° A la 2e *personne singulière de l'impératif* : écouter, courir, parler, rire, lier, lire, offrir, paraître, écrire, crier, serrer, croire, relier, relire, confire, confier, conclure, contribuer, partir, parer, dormir, dorer, servir, serrer, repartir, réparer.

DES VERBES EN *cer*, *ger*, *eler*, *eter*, ETC.

63. Les verbes en *cer*, comme *menacer*, prennent une cédille sous le ç, quand cette lettre est suivie d'un *a* ou d'un *o* : tu *menaças*, nous *menaçons*.

64. Les verbes en *ger*, comme *manger*, prennent un *e muet* après le *g*, quand cette lettre est suivie d'un *a* ou d'un *o* : tu *mangeas*, nous *mangeons*.

65. Les verbes en *eler*, comme *appeler*, doublent la lettre *l*, quand elle est suivie d'un *e muet* : *j'appelle*, *j'appellerai*.

66. Les verbes en *eller* (avec deux *l*), comme *exceller*, conservent les deux *l* dans toute la conjugaison : j'*excelle*, nous *excellons*.

67. Les verbes en *êler* (avec un accent circonflexe sur l'*é*), comme *mêler*, conservent l'accent circonflexe dans toute la conjugaison, et ne doublent pas la lettre *l* : je *mêle*, nous *mêlons*.

68. Les verbes en *éler* (avec un accent aigu sur l'*é*), comme *révéler*, changent l'accent aigu en accent graves lorsque dans la syllabe suivante il y a un *e muet;* mai ils ne doublent pas l'*l* : *je révèle*, *je révèlerai*.

69. Les verbes en *eter*, comme *jeter*, doublent la lettre *t*, quand elle est suivie d'un *e muet* : je *jette*, je *jetterai*.

70. Les verbes en *etter* (avec deux *t*), comme *regretter*, conservent les deux *t* dans toute la conjugaison : je *regrette*, nous *regrettons*.

71. Les verbes en *êter* (avec un accent circonflexe sur l'*ê*), comme *fêter*, conservent l'accent circonflexe dans toute la conjugaison, et ne doublent pas la lettre *t* : je *fête*, nous *fêtons*.

72. Les verbes en *éter* (avec un accent aigu sur l'*é*), comme *compléter*, changent l'accent aigu en accent grave, lorsque dans la syllabe suivante il y a un *e muet*; mais ils ne doublent pas le *t* : je *complète*, je *complèterai*.

Nota. On voit par ce qui précède combien il est important de connaître l'orthographe du présent de l'infinitif, c'est-à-dire de savoir si un verbe se termine par *eler*, *eller*, *êler*, ou *éler*. — Par *eter*, *etter*, *êter*, ou *éter*.

73. Les verbes *mener*, *peser*, et autres semblables dont l'avant-dernier *e* du présent de l'infinitif n'est pas accentué, prennent un accent grave sur cet *e*, lorsque dans la syllabe suivante il y a un *e muet* : je *mène*, je *mènerai*; je *pèse*, je *pèserai*.

74. Les verbes *céder*, *régner*, et autres semblables dont l'avant-dernier *e* du présent de l'infinitif est accentué aigu, changent cet accent aigu en accent grave, lorsque dans la syllabe suivante il y a un *e muet* : je *cède*, je *cèderai*; je *règne*, je *règnerai*.

75. Il faut excepter de cette règle les verbes en *éger*, comme *protéger*; et en *éer*, comme *créer*; ils conservent l'accent aigu dans toute la conjugaison : je *protége*, je *protégerai*; je *crée*, je *créerai*.

76. Les verbes dont le participe présent est terminé en *uant*, comme *tuant*, *concluant*, prennent à la 1re et à la 2e personne plurielle de l'imparfait de l'indicatif et du présent du subjonctif un tréma sur l'*i* de la terminaison *ïons*, *ïez* : nous *tuïons*, vous *tuïez*; que nous *concluïons*, que vous *concluïez*. (Sans le tréma, on prononcerait : nous *tui-ons*; avec le tréma, on prononce : nous *tu-ï-ons*.)

77. Les verbes dont le participe présent est terminé en *yant* (avec un *y*), comme *employant*, *croyant*, changent l'*y* en *i* devant un *e muet* : j'*emploie*, j'*emploierai*; que je *croie*, qu'il *croie*.

78. EXERCICE SUR LES Nos 63 ET SUIVANTS, JUSQU'A 77.

(L'Elève conjuguera les verbes suivants aux temps indiqués ci-dessous.)

1° Au *présent de l'indicatif*, à l'*imparfait de l'indi*

catif, et au *passé défini* : menacer, manger, lancer, effacer, nager, partager, enfoncer, voyager, balancer, corriger.

2° Au *présent de l'indicatif*, au *futur de l'indicatif*, et au *présent du subjonctif* : appeler, exceller, mêler, révéler, jeter, regretter, fêter, compléter, mener, peser, céder, régner, protéger, créer, employer, croire, seller (*un cheval*), céler (signifiant *cacher*), feuilleter, guetter, arrêter, végéter, sceller (*un paquet*, c'est-à-dire *le bien fermer*), décéler (*découvrir un secret*), achever, dépecer, compléter, côtoyer, recéler (*garder une chose volée*).

3° A la 1re et à la 2e *personne* plurielle de l'*imparfait de l'indicatif* et du *présent du subjonctif* : tuer, conclure, remuer, exclure, contribuer, distribuer, influer.

DES VERBES IRRÉGULIERS.

79. Un verbe qui, dans toute sa conjugaison, suit les règles de la formation des temps, est un verbe *régulier*.

80. On appelle verbe *irrégulier* celui qui ne suit pas les règles de la formation des temps.

81. Un verbe n'est jamais irrégulier en entier, il ne l'est qu'à quelques temps ou à quelques personnes.

82. Il n'y a que 33 *verbes irréguliers* dans la langue française.

83. En voici quelques-uns avec leurs temps primitifs et leurs irrégularités.

84. EXERCICE.

(L'Elève conjuguera en entier les verbes suivants ; il mettra une étoile * devant les personnes irrégulières.)

Nota. Quand le *futur* est irrégulier, le *conditionnel* l'est aussi. — Quand il y a etc., au commencement d'un temps, cela signifie que le reste du temps est *irrégulier*.

APERCEVOIR : j'aperçois, j'aperçus, apercevoir, apercevant, aperçu.

IRRÉGULARITÉS : *Indicatif présent.* ils aperçoivent. *Subjonctif présent.* que j'aperçoive, que tu aperçoives, qu'il aperçoive, qu'ils aperçoivent.

ASSEOIR : j'assieds, j'assis, asseoir asseyant, assis.

IRRÉG. : *Futur.* j'assiérai, ou j'asseierai, etc.

BOIRE : je bois, je bus, boire, buvant, bu.

IRRÉG. : *Indicatif présent.* ils boivent. *Subjonctif présent.* que je boive, que tu boives, qu'il boive, qu'ils boivent.

COURIR : je cours, je courus, courir, courant, couru.

IRRÉG. : *Futur.* je courrai, etc.

CUEILLIR : je cueille, je cueillis, cueillir, cueillant, cueilli.

IRRÉG. : *Futur.* je cueillerai, etc.

DIRE : je dis, je dis, dire, disant, dit.

IRRÉG. : *Indicatif présent.* vous dites. *Impératif.* dites.

ENVOYER : j'envoie, j'envoyai, envoyer, envoyant, envoyé.

IRRÉG. : *Futur.* j'enverrai, etc.

FAIRE : je fais, je fis, faire, faisant, fait.

IRRÉG. : *Indicatif présent.* vous faites, ils font. *Futur.* je ferai, etc. *Impératif.* faites. *Subjonctif présent.* que je fasse, etc.

POUVOIR : je peux, je pus, pouvoir, pouvant, pu.

IRRÉG. : *Indicatif présent.* ils peuvent. *Futur.* je pourrai, etc. *Subjonctif présent.* que je puisse, etc.

Nota. On peut dire aussi : je *puis*, à la 1re personne singulière du présent de l'indicatif, mais on ne peut pas dire : tu *puis*, il *puit.*

PRENDRE : je prends, je pris, prendre, prenant, pris.

IRRÉG. : *Indicatif présent.* ils prennent. *Subjonctif prés.* que je prenne, que tu prennes, qu'il prenne, qu'ils prennent.

PRÉVOIR : je prévois, je prévis, prévoir, prévoyant, prévu.

IRRÉG. : *Futur.* je prévoirai, etc.

SAVOIR : je sais, je sus, savoir, sachant, su.

IRRÉG. : *Indicatif présent.* nous savons, vous savez, ils savent. *Imparfait.* je savais, etc. *Futur.* je saurai, etc. *Impératif.* sache.

TENIR : je tiens, je tins, tenir, tenant, tenu.

IRRÉG : *Indicatif présent.* ils tiennent. *Futur.* je tiendrai, etc. *Subjonctif présent.* que je tienne, que tu tiennes, qu'il tienne, qu'ils tiennent.

VALOIR : je vaux, je valus, valoir, valant, valu.

IRRÉG. : *Futur.* je vaudrai, etc. *Subjonctif présent.* que je vaille, que tu vailles, qu'il vaille, qu'ils vaillent.

VOIR : je vois, je vis, voir, voyant, vu.

IRRÉG. : *Futur.* je verrai, etc.

VOULOIR : je veux, je voulus, vouloir, voulant, voulu.

IRRÉG. : *Indicatif présent.* ils veulent. *Futur.* je voudrai, etc. *Impératif.* veuille, veuillons, veuillez. *Subjonctif présent.* que je veuille, que tu veuilles, qu'il veuille, qu'ils veuillent.

85. CONJUGAISON DU VERBE *Avoir*.

(*Verbe irrégulier.*)

Nota. Les irrégularités sont marquées d'une étoile*.

INDICATIF.

PRÉSENT.

J'ai.
* Tu as.
* Il a.
* Nous avons.
* Vous avez.
* Ils ont.

IMPARFAIT.

* J'avais.
* Tu avais.
* Il avait.
* Nous avions.
* Vous aviez.
* Ils avaient.

PASSÉ DÉFINI.

J'eus.
Tu eus.
Il eut.
Nous eûmes.
Vous eûtes.
Ils eurent.

PASSÉ INDÉFINI.

J'ai eu.
Tu as eu.
Il a eu.
Nous avons eu.
Vous avez eu.
Ils ont eu.

PASSÉ ANTÉRIEUR.

J'eus eu.
Tu eus eu.
Il eut eu.
Nous eûmes eu.
Vous eûtes eu.
Ils eurent eu

PLUSQUE-PARFAIT.

J'avais eu.
Tu avais eu.
Il avait eu.
Nous avions eu.
Vous aviez eu.
Ils avaient eu.

FUTUR SIMPLE.

* J'aurai.
* Tu auras.
* Il aura.
* Nous aurons.
* Vous aurez.
* Ils auront.

FUTUR COMPOSÉ.

J'aurai eu.
Tu auras eu.
Il aura eu.
Nous aurons eu.
Vous aurez eu.
Ils auront eu.

CONDITIONNEL.

PRÉSENT ET FUTUR.

* J'aurais.
* Tu aurais.
* Il aurait.
* Nous aurions.
* Vous auriez.
* Ils auraient.

PASSÉ.

J'aurais eu.
Tu aurais eu.
Il aurait eu.
Nous aurions eu.
Vous auriez eu.
Ils auraient eu.

AUTRE PASSÉ.

J'eusse eu.
Tu eusses eu.
Il eût eu.
Nous eussions eu.
Vous eussiez eu.
Ils eussent eu.

IMPÉRATIF.

PRÉSENT ET FUTUR.

....
* Aie.
....
Ayons.
Ayez.
....

SUBJONCTIF.

PRÉSENT ET FUTUR.

Que j'aie.

Que tu aies.
* Qu'il ait.
* Que nous ayons.
* Que vous ayez.
Qu'ils aient.

IMPARFAIT.

Que j'eusse.
Que tu eusses.
Qu'il eût.
Que nous eussions.
Que vous eussiez.
Qu'ils eussent.

PASSÉ.

Que j'aie eu.
Que tu aies eu.
Qu'il ait eu.
Que nous ayons eu.
Que vous ayez eu.
Qu'ils aient eu.

PLUSQUE-PARFAIT.

Que j'eusse eu.
Que tu eusses eu.
Qu'il eût eu.
Que nous eussions eu.
Que vous eussiez eu.
Qu'ils eussent eu.

INFINITIF.

PRÉSENT ET FUTUR.

Avoir.

PASSÉ.

Avoir eu.

PARTICIPE PRÉSENT.

Ayant.

PARTICIPE PASSÉ.

Eu, eue.
Eus, eues.
Ayant eu.

---

86. CONJUGAISON DU VERBE *Être.*

(*Verbe irrégulier.*)

Nota. Les irrégularités sont marquées d'une étoile *.

INDICATIF.

PRÉSENT.

Je suis.
* Tu es.
* Il est.
* Nous sommes.
* Vous êtes.
* Ils sont.

IMPARFAIT.

J'étais.
Tu étais.
Il était.
Nous étions.
Vous étiez.
Ils étaient.

PASSÉ DÉFINI.

Je fus.
Tu fus.
Il fut.
Nous fûmes.
Vous fûtes.
Ils furent.

PASSÉ INDÉFINI.

J'ai été.
Tu as été.
Il a été.
Nous avons été.
Vous avez été.
Ils ont été.

PASSÉ ANTÉRIEUR.

J'eus été.
Tu eus été.
Il eut été.
Nous eûmes été.
Vous eûtes été.
Ils eurent été.

PLUSQUE-PARFAIT.

J'avais été.
Tu avais été.
Il avait été.
Nous avions été.
Vous aviez été.
Ils avaient été.

FUTUR SIMPLE.

* Je serai.
* Tu seras.
* Il sera.
* Nous serons.
* Vous serez.
* Ils seront.

FUTUR COMPOSÉ.

J'aurai été.

Tu auras été.
Il aura été.
Nous aurons été.
Vous aurez été.
Ils auront été.

CONDITIONNEL.

PRESENT ET FUTUR.

* Je serais.
* Tu serais.
* Il serait.
* Nous serions.
* Vous seriez.
* Ils seraient.

PASSÉ.

J'aurais été.
Tu aurais été.
Il aurait été.
Nous aurions été.
Vous auriez été.
Ils auraient été.

AUTRE PASSÉ.

J'eusse été.
Tu eusses été.
Il eût été.
Nous eussions été.
Vous eussiez été.
Ils eussent été.

IMPÉRATIF.

PRÉSENT ET FUTUR.

....
* Sois.
....
* Soyons.
* Soyez.
....

SUBJONCTIF.

PRÉSENT ET FUTUR.

* Que je sois.
* Que tu sois.
* Qu'il soit.
* Que nous soyons.
* Que vous soyez.
* Qu'ils soient.

IMPARFAIT.

Que je fusse.
Que tu fusses.
Qu'il fût.
Que nous fussions.
Que vous fussiez.
Qu'ils fussent.

PASSÉ.

Que j'aie été.
Que tu aies été.
Qu'il ait été.
Que nous ayons été.
Que vous ayez été.
Qu'ils aient été.

PLUSQUE-PARFAIT.

Que j'eusse été.
Que tu eusses été.
Qu'il eût été.
Que nous eussions été.
Que vous eussiez été.
Qu'ils eussent été.

INFINITIF.

PRÉSENT ET FUTUR.

Être.

PASSÉ.

Avoir été.

PARTICIPE PRÉSENT.

Etant.

PARTICIPE PASSÉ.

Été.
Ayant été.

Nota. Le participe passé du verbe *Être* (*été*) n'a ni féminin ni pluriel, il est toujours *invariable*.

MODÈLE D'UN VERBE NEUTRE, PRENANT L'AUXILIAIRE *Être* AUX TEMPS COMPOSÉS.

87. Un verbe neutre est celui après lequel on ne peut pas mettre ces mots *quelqu'un* ni *quelque chose* : je *dors*, je *pars*, j'*arrive*.

88. La plupart des verbes neutres se conjuguent aux temps composés avec l'auxiliaire *avoir*. — Il n'y en a que 60 qui prennent l'auxiliaire *être ;* en voici un *Modèle* :

ARRIVER.

INDICATIF.

PRÉSENT.

J'arrive.
Tu arrives.
Il arrive.
Nous arrivons.
Vous arrivez.
Ils arrivent.

IMPARFAIT.

J'arrivais.
Tu arrivais.
Il arrivait.
Nous arrivions.
Vous arriviez.
Ils arrivaient.

PASSÉ DÉFINI.

J'arrivai.
Tu arrivas.
Il arriva.
Nous arrivâmes.
Vous arrivâtes.
Ils arrivèrent.

PASSÉ INDÉFINI.

Je suis arrivé.
Tu es arrivé.
Il est arrivé.
Nous sommes arrivés.
Vous êtes arrivés.
Ils sont arrivés.

PASSÉ ANTÉRIEUR.

Je fus arrivé.
Tu fus arrivé.
Il fut arrivé.
Nous fûmes arrivés.
Vous fûtes arrivés.
Ils furent arrivés.

PLUSQUE-PARFAIT.

J'étais arrivé.
Tu étais arrivé.
Il était arrivé.
Nous étions arrivés.
Vous étiez arrivés.
Ils étaient arrivés.

FUTUR SIMPLE.

J'arriverai.
Tu arriveras.
Il arrivera.
Nous arriverons.
Vous arriverez.
Ils arriveront.

FUTUR COMPOSÉ.

Je serai arrivé.
Tu seras arrivé.
Il sera arrivé.
Nous serons arrivés.
Vous serez arrivés.
Ils seront arrivés.

CONDITIONNEL.

PRÉSENT ET FUTUR.

J'arriverais.
Tu arriverais.
Il arriverait.
Nous arriverions.
Vous arriveriez.
Ils arriveraient.

PASSÉ.

Je serais arrivé.
Tu serais arrivé.
Il serait arrivé.
Nous serions arrivés.
Vous seriez arrivés.
Ils seraient arrivés.

AUTRE PASSÉ.

Je fusse arrivé.
Tu fusses arrivé.
Il fût arrivé.
Nous fussions arrivés.
Vous fussiez arrivés.
Ils fussent arrivés.

IMPÉRATIF.

PRÉSENT ET FUTUR.

....
Arrive.
....
Arrivons.
Arrivez.

SUBJONCTIF.

PRÉSENT ET FUTUR.

Que j'arrive.
Que tu arrives.
Qu'il arrive.
Que nous arrivions.
Que vous arriviez.
Qu'ils arrivent.

IMPARFAIT.

Que j'arrivasse.
Que tu arrivasses.
Qu'il arrivât.
Que nous arrivassions.
Que vous arrivassiez.
Qu'ils arrivassent.

PASSÉ.

Que je sois arrivé.
Que tu sois arrivé.
Qu'il soit arrivé.
Que nous soyons arrivés.
Que vous soyez arrivés.
Qu'ils soient arrivés.

PLUSQUE-PARFAIT.

Que je fusse arrivé.
Que tu fusses arrivé.
Qu'il fût arrivé.
Que nous fussions arrivés.
Que vous fussiez arrivés.
Qu'ils fussent arrivés.

INFINITIF.

PRÉSENT ET FUTUR.

Arriver.

PASSÉ.

Être arrivé.

PARTICIPE PRÉSENT.

Arrivant.

PARTICIPE PASSÉ.

Arrivé, arrivée.
Arrivés, arrivées.
Etant arrivé.

EXERCICE.

L'Elève conjuguera sur ce modèle les verbes neutres suivants :

Monter,	*Partir,*	*Descendre,*
Entrer,	*Sortir,*	*Rester.*

MODÈLE D'UN VERBE PRONOMINAL.

89. Le verbe *pronominal* est celui qui se conjugue avec deux pronoms de la même personne, désignant le même individu.

SE FLATTER.

INDICATIF.

PRÉSENT.

Je me flatte.
Tu te flattes.
Il se flatte.
Nous nous flattons.
Vous vous flattez.
Ils se flattent.

IMPARFAIT.

Je me flattais.
Tu te flattais.
Il se flattait.
Nous nous flattions.
Vous vous flattiez.
Ils se flattaient.

PASSÉ DÉFINI.

Je me flattai.
Tu te flattas.
Il se flatta.
Nous nous flattâmes.
Vous vous flattâtes.
Ils se flattèrent.

PASSÉ INDÉFINI.

Je me suis flatté.
Tu t'es flatté.
Il s'est flatté.
Nous nous sommes flattés.
Vous vous êtes flattés.

Ils se sont flattés.

PASSÉ ANTÉRIEUR.

Je me fus flatté.
Tu te fus flatté.
Il se fut flatté.
Nous nous fûmes flattés.
Vous vous fûtes flattés.
Ils se furent flattés.

PLUSQUE-PARFAIT.

Je m'étais flatté.
Tu t'étais flatté.
Il s'était flatté.
Nous nous étions flattés.
Vous vous étiez flattés.
Ils s'étaient flattés.

FUTUR SIMPLE.

Je me flatterai.
Tu te flatteras.
Il se flattera.
Nous nous flatterons.
Vous vous flatterez.
Ils se flatteront.

FUTUR COMPOSÉ.

Je me serai flatté.
Tu te seras flatté.
Il se sera flatté.
Nous nous serons flattés.
Vous vous serez flattés.
Ils se seront flattés.

CONDITIONNEL.

PRÉSENT ET FUTUR.

Je me flatterais.
Tu te flatterais.
Il se flatterait.
Nous nous flatterions.
Vous vous flatteriez.
Ils se flatteraient.

PASSÉ.

Je me serais flatté.
Tu te serais flatté.
Il se serait flatté.
Nous nous serions flattés.
Vous vous seriez flattés.
Ils se seraient flattés.

AUTRE PASSÉ.

Je me fusse flatté.
Tu te fusses flatté.
Il se fût flatté.
Nous nous fussions flattés.
Vous vous fussiez flattés.
Ils se fussent flattés.

IMPÉRATIF.

PRÉSENT ET FUTUR.

....
Flatte-toi.
....
Flattons-nous.
Flattez-vous.
....

SUBJONCTIF.

PRÉSENT ET FUTUR.

Que je me flatte.
Que tu te flattes.
Qu'il se flatte.
Que nous nous flattions.
Que vous vous flattiez.
Qu'ils se flattent.

IMPARFAIT.

Que je me flattasse.
Que tu te flattasses.
Qu'il se flattât.
Que nous nous flattassions.
Que vous vous flattassiez.
Qu'ils se flattassent.

PASSÉ.

Que je me sois flatté.
Que tu te sois flatté.
Qu'il se soit flatté.
Que n. n. soyons flattés.
Que v. v. soyez flattés.
Qu'ils se soient flattés.

PLUSQUE-PARFAIT.

Que je me fusse flatté.
Que tu te fusses flatté.
Qu'il se fût flatté.
Que n. n. fussions flattés.
Que v. v. fussiez flattés.
Qu'ils se fussent flattés.

INFINITIF.

PRÉSENT ET FUTUR.

Se flatter.

PASSÉ.

S'être flatté.

PARTICIPE PRÉSENT.

Se flattant.

PARTICIPE PASSÉ.

S'étant flatté.

EXERCICE.

L'Elève conjuguera sur ce modèle les verbes pronominaux suivants :

Se reposer, *Se perdre,* *S'habiller,*
Se dessaisir, *Se divertir,* *S'apercevoir.*

MODÈLE D'UN VERBE PASSIF.

90. Le verbe *passif* est le participe passé d'un verbe actif, conjugué dans tous les temps avec l'auxiliaire *être*.

ÊTRE REGARDÉ.

INDICATIF.

PRÉSENT.

Je suis regardé.
Tu es regardé.
Il est regardé.
Nous sommes regardés.
Vous êtes regardés.
Ils sont regardés.

IMPARFAIT.

J'étais regardé.
Tu étais regardé.
Il était regardé.
Nous étions regardés.
Vous étiez regardés.
Ils étaient regardés.

PASSÉ DÉFINI.

Je fus regardé.
Tu fus regardé.
Il fut regardé.
Nous fûmes regardés.
Vous fûtes regardés.
Ils furent regardés.

PASSÉ INDÉFINI.

J'ai été regardé.
Tu as été regardé.
Il a été regardé.
Nous avons été regardés.
Vous avez été regardés.
Ils ont été regardés.

PASSÉ ANTÉRIEUR.

J'eus été regardé.
Tu eus été regardé.
Il eut été regardé.
Nous eûmes été regardés.
Vous eûtes été regardés.
Ils eurent été regardés.

PLUSQUE-PARFAIT.

J'avais été regardé.
Tu avais été regardé.
Il avait été regardé.
Nous avions été regardés.
Vous aviez été regardés.
Ils avaient été regardés.

FUTUR SIMPLE.

Je serai regardé.
Tu seras regardé.
Il sera regardé.
Nous serons regardés.
Vous serez regardés.
Ils seront regardés.

FUTUR COMPOSÉ.

J'aurai été regardé.
Tu auras été regardé.
Il aura été regardé.
Nous aurons été regardés.
Vous aurez été regardés.
Ils auront été regardés.

CONDITIONNEL.

PRÉSENT ET FUTUR.

Je serais regardé.
Tu serais regardé.
Il serait regardé.
Nous serions regardés.
Vous seriez regardés.
Ils seraient regardés.

PASSÉ.

J'aurais été regardé.
Tu aurais été regardé.
Il aurait été regardé.
Nous aurions été regardés.
Vous auriez été regardés.

Ils auraient été regardés.

AUTRE PASSÉ.

J'eusse été regardé.
Tu eusses été regardé.
Il eût été regardé.
Nous eussions été regardés.
Vous eussiez été regardés.
Ils eussent été regardés.

IMPÉRATIF.

PRÉSENT ET FUTUR.

....
Sois regardé.
....
Soyons regardés.
Soyez regardés.
....

SUBJONCTIF.

PRÉSENT ET FUTUR.

Que je sois regardé.
Que tu sois regardé.
Qu'il soit regardé.
Que nous soyons regardés.
Que vous soyez regardés.
Qu'ils soient regardés.

IMPARFAIT.

Que je fusse regardé.
Que tu fusses regardé.
Qu'il fût regardé.
Que nous fussions regardés.
Que vous fussiez regardés.
Qu'ils fussent regardés.

PASSÉ.

Que j'aie été regardé.
Que tu aies été regardé.
Qu'il ait été regardé.
Que n. ayons été regardés.
Que v. ayez été regardés.
Qu'ils aient été regardés.

PLUSQUE-PARFAIT.

Que j'eusse été regardé.
Que tu eusses été regardé.
Qu'il eût été regardé.
Q. n. eussions été regardés.
Q. v. eussiez été regardés.
Qu'ils eussent été regardés.

INFINITIF.

PRÉSENT ET FUTUR.

Être regardé.

PASSÉ.

Avoir été regardé.

PARTICIPE PRÉSENT.

Etant regardé.

PARTICIPE PASSÉ.

Ayant été regardé.

EXERCICE.

L'Elève conjuguera sur ce modèle les verbes passifs suivants :

Être aimé, *Être guéri,* *Être trahi,*
Être cherché, *Être aperçu,* *Être vu.*

---

91. Pour reconnaître le temps d'un verbe passif, il suffit de reconnaître le temps de l'auxiliaire *être,* parce que le verbe passif est toujours au même temps que son auxiliaire. Ainsi, pour savoir à quel temps est : *il aura été regardé,* sachez à quel temps est l'auxiliaire *être : il aura été,* c'est le futur composé ; donc, le verbe passif *il aura été regardé* est au futur composé.

MODÈLE D'UN VERBE UNIPERSONNEL.

92. Le verbe *unipersonnel* est celui qui ne se conjugue qu'à la 3e personne du singulier avec le pronom *il*, qui ne signifie rien.

PLEUVOIR.

INDICATIF.

PRÉSENT.

Il pleut.

IMPARFAIT.

Il pleuvait.

PASSÉ DÉFINI.

Il plut.

PASSÉ INDÉFINI.

Il a plu.

PASSÉ ANTÉRIEUR.

Il eut plu.

PLUSQUE-PARFAIT.

Il avait plu.

FUTUR SIMPLE.

Il pleuvra.

FUTUR COMPOSÉ.

Il aura plu.

CONDITIONNEL.

PRÉSENT ET FUTUR.

Il pleuvrait.

PASSÉ.

Il aurait plu.

AUTRE PASSÉ.

Il eût plu.

IMPÉRATIF.

PRÉSENT ET FUTUR.

....

SUBJONCTIF.

PRÉSENT ET FUTUR.

Qu'il pleuve.

IMPARFAIT.

Qu'il plût.

PASSÉ.

Qu'il ait plu.

PLUSQUE-PARFAIT.

Qu'il eût plu.

INFINITIF.

PRÉSENT ET FUTUR.

Pleuvoir.

PASSÉ.

Avoir plu.

PARTICIPE PRÉSENT.

Pleuvant.

PARTICIPE PASSÉ.

Plu.

Ayant plu.

Nota. Le participe passé des verbes unipersonnels est toujours *invariable.*

EXERCICE.

L'Elève conjuguera sur ce modèle les verbes unipersonnels suivants :

Tonner, *Grêler,* *Importer,*
Venter, *Résulter,* *Neiger.*

94. MODÈLE D'UN VERBE CONJUGUÉ AVEC INTERROGATION.

CHANTER.

INDICATIF.

PRÉSENT.

Chanté-je ?
Chantes-tu ?
Chante-t-il ?
Chantons-nous ?
Chantez-vous ?
Chantent-ils ?

IMPARFAIT.

Chantais-je ?

Chantais-tu?
Chantait-il?
Chantions-nous?
Chantiez-vous?
Chantaient-ils?

PASSÉ DÉFINI.

Chantai-je?
Chantas-tu?
Chanta-t-il?
Chantâmes-nous?
Chantâtes-vous?
Chantèrent-ils?

PASSÉ INDÉFINI.

Ai-je chanté?
As-tu chanté?
A-t-il chanté?
Avons-nous chanté?
Avez-vous chanté?
Ont-ils chanté?

PASSÉ ANTÉRIEUR.

....
....
....
....
....
....

PLUSQUE-PARFAIT.

Avais-je chanté?
Avais-tu chanté?
Avait-il chanté?
Avions-nous chanté?
Aviez-vous chanté?
Avaient-ils chanté?

FUTUR SIMPLE.

Chanterai-je?
Chanteras-tu?
Chantera-t-il?
Chanterons-nous?
Chanterez-vous?
Chanteront-ils?

FUTUR COMPOSÉ.

Aurai-je chanté?
Auras-tu chanté?
Aura-t-il chanté?
Aurons-nous chanté?
Aurez-vous chanté?
Auront-ils chanté?

CONDITIONNEL.

PRÉSENT ET FUTUR.

Chanterais-je?
Chanterais-tu?
Chanterait-il?
Chanterions-nous?
Chanteriez-vous?
Chanteraient-ils?

PASSÉ.

Aurais-je chanté?
Aurais-tu chanté?
Aurait-il chanté?
Aurions-nous chanté?
Auriez-vous chanté?
Auraient-ils chanté?

AUTRE PASSÉ.

Eussé-je chanté?
Eusses-tu chanté?
Eût-il chanté?
Eussions-nous chanté?
Eussiez-vous chanté?
Eussent-ils chanté?

Nota. Les verbes conjugués avec interrogation n'ont pas d'autres temps.

EXERCICE.

L'Elève conjuguera sur ce modèle les verbes suivants :

Parler?	*Avertir?*	*Entendre?*
Regarder?	*Apercevoir?*	*Fermer?*

95. EXERCICE

SUR LA CONJUGAISON DES VERBES NEUTRES, PRONOMINAUX, PASSIFS, UNIPERSONNELS, ET AVEC INTERROGATION.

(Voici comment l'Elève fera ces exercices : il conjuguera le 1er verbe (*tomber*) au présent de l'indicatif; le 2e verbe (*se fâcher*) à l'imparfait; le 3e (*être vu*) au passé défini; le 4e (*descendre*) au passé indéfini; et ainsi de suite, en changeant de verbe à chaque temps.)

Nota. Le point d'interrogation (?) placé après un verbe, signifie que ce verbe doit être conjugué avec interrogation.

Tomber, se fâcher, être vu, descendre, dîner, sauter? pleuvoir, arriver? grimper, être regardé, enseigner, parler, guérir, enrager, venir, redescendre, j'ai pensé, entrer, rester, mourir.

Embarrasser, avertir, guérir, vendre, sortir, descendre, arriver? grimper, être regardé, grêler? être remplacé, éclaircir, se défendre, s'arranger, être touché, revenir, il est mort, venir, résister, naître.

Pleuvoir, sortir, amollir, rentrer, descendre, être élevé? créer, se distinguer, publier, mourir, pleuvoir, se regarder, être effrayé, se dessaisir, se désister, être couché, il souffrait, être embarrassé, être invité, se convaincre.

S'habiller, se dessaisir, tonner? être saisi? s'égarer, saisir, être retenu, se perdre? se retirer? connaître? contredire, être calmé, prétendre, être refroidi, se plaindre, indisposer, il était aimé, courir, lire, habiller.

Être reçu? apercevoir? être pris, se méprendre, être renfermé, remonter? errer, se déshabiller, suppléer, arrêter? être trahi, concevoir, nier, s'indigner, courir, se souvenir, nous nous étions vus, être charmé, enseigner, s'égarer.

Se coucher? embrasser? être battu, aplanir, se tromper, neiger, être avancé, être renvoyé, justifier, se moquer, se convertir? s'obstiner, se venger, exercer, neiger, pleuvoir, il est chassé, disposer, corriger, être corrigé.

FIN DE LA CONJUGAISON.

2e PARTIE : ANALYSE GRAMMATICALE.

EN QUOI CONSISTE L'ANALYSE GRAMMATICALE.

1. *Faire l'analyse grammaticale*, c'est rendre compte de tous les mots d'une phrase, c'est-à-dire déterminer si tel mot est un *substantif*, ou un *article*, ou un *adjectif*, etc. — puis désigner le *genre*, le *nombre*, la *personne*, le *mode*, le *temps*, et autres détails de grammaire.

1re PARTIE DE L'ANALYSE :
Classification des mots.

DES DIX ESPÈCES DE MOTS.

2. Il y a dans la langue française 10 espèces de mots, qu'on appelle aussi les 10 parties du discours, savoir : le Substantif (ou le Nom), l'Article, l'Adjectif, le Pronom, le Verbe, le Participe, la Préposition, l'Adverbe, la Conjonction, et l'Interjection.

3. Le *Substantif* (ou le *Nom*) est un mot qui désigne une personne : *père ;* — un animal : *chien ;* — ou une chose : *table*.

4. L'*Article* (le, la, les) se place devant les substantifs : LE *père*, LA *mère*, LES *enfants* (*).

5. L'*Adjectif* est un mot ajouté au substantif pour en exprimer la manière d'être, la qualité : *une table* UTILE, RONDE, NEUVE, LOURDE, etc. — Ces mots *utile*, *ronde*, *neuve*, *lourde* sont des *adjectifs qualificatifs*, c'est-à-dire des *adjectifs* qui expriment des *qualités*.

6. Il y a aussi des adjectifs, c'est-à-dire des mots ajoutés aux substantifs, non pour les qualifier, mais pour exprimer

(*) Ce ne sont pas des définitions complètes qu'il s'agit de donner aux enfants *pour le moment*, mais seulement les moyens de reconnaître les 10 espèces de mots. — La définition des 10 parties du discours se trouve dans ma *Grammaire française*, 3e *degré*.

le nombre ou la quantité : UN *franc*, DEUX *tables*, TROIS *hommes*, QUATRE *enfants*, etc. — On les appelle *adjectifs numéraux* (et au singulier on dit : *un adjectif numéral*)

7. D'autres adjectifs expriment la possession; on les nomme *adjectifs possessifs* : MON *couteau*, TON *canif*, SON *livre*, NOTRE *chambre*, etc.

8. Quelques-uns servent à indiquer, à montrer; on les appelle *adjectifs démonstratifs* : CE *livre*, CETTE *table*, CES *dames*, etc.

9. Il y en a qui servent à interroger; on les nomme *adjectifs interrogatifs* : QUEL *homme est-ce?* QUELLE *heure est-il?* QUELS *enfants sont venus?* etc.

10. Enfin, il y a des adjectifs qui expriment une idée vague, indéfinie; on les appelle *adjectifs indéfinis* : QUELQUES *hommes*, PLUSIEURS *personnes*, CERTAINS *animaux*, etc.

11. Voici la Table de tous ces adjectifs :

Adjectifs qualificatifs.

Bon.	Rouge.	Lourd.
Mauvais.	Bleu.	Léger.
Joli.	Aimable.	Utile.
Vilain.	Savant.	....
Grand.	Gai.	Etc.

Adjectifs numéraux.

Un, une.	Premier, première. — Unième.
Deux.	Second, seconde. — Deuxième.
Trois.	Troisième.
Quatre.	Quatrième.
Cinq.	Cinquième.
....	....
Etc.	Etc.

Adjectifs possessifs.

Mon.	Ma.	Mes.
Ton.	Ta.	Tes.
Son.	Sa.	Ses.
Notre.		Nos.
Votre.		Vos.
Leur.		Leurs.

Adjectifs démonstratifs.

Ce.	Cette.	Ces.
Cet.		

Adjectifs interrogatifs.

Quel?	Quelle?	Quels?	Quelles?

Adjectifs indéfinis.

Aucun.
Autre.
Certain.
Chaque.
De, du, des (signifiant : *quelques, plusieurs, un peu de, une certaine quantité de*).
Divers.
Nul.
Plusieurs.
Quelque.
Quelconque.
Tout, toute, tous, toutes.
Tel, telle, tels, telles.
....
Etc., etc.

12. Le *Pronom* est un mot qui tient la place du substantif : *mon père est absent,* IL *reviendra demain.*

13. Il y a 6 sortes de pronoms :

1° Les pronoms personnels.
2° Les pronoms possessifs.
3° Les pronoms démonstratifs.
4° Les pronoms relatifs.
5° Les pronoms interrogatifs.
6° Les pronoms indéfinis.

Ces pronoms (ainsi que les adjectifs), prennent leurs noms de leur signification.

14. Voici la Table de tous ces pronoms.

Pronoms personnels.

	SINGULIER.	PLURIEL.
1re *personne :*	Je, me, moi...	.... Nous.
2e *personne :*	Tu, te, toi....	.... Vous.
3e *personne :*	Il................	.... Ils.
	Elle..............	.... Elles.
	Se................	.... Se.
	Soi.	
	Lui...............	.... Leur, eux.
	Le, La	.... Les.

Pronoms possessifs. (3e personne.)

Le mien,	La mienne.	Les miens,	Les miennes.
Le tien,	La tienne.	Les tiens,	Les tiennes.
Le sien,	La sienne.	Les siens,	Les siennes.
Le nôtre,	La nôtre.	Les nôtres.	
Le vôtre,	La vôtre.	Les vôtres.	
Le leur,	La leur.	Les leurs.	

Nota. Les mots *le, la, les*, sont des articles; et les mots *mien, tien, sien, nôtre,* etc. sont des pronoms possessifs.

Pronoms démonstratifs. (3e pers.)

Celui, Celle. | Ceux, Celles.
Ce, Ceci, Cela.

Pronoms relatifs. (3e pers.)

Lequel, Laquelle. | Lesquels, Lesquelles.
Qui, Que, Quoi, Dont, En, ..., Etc.

Pronoms interrogatifs. (3e pers.)

Lequel? Laquelle? | Lesquels? Lesquelles?
Qui? Que? Quoi?

Pronoms indéfinis. (3e pers.)

Autrui.
Chacun.
On.
Personne.
Quelqu'un.
Quiconque.
Rien.
Tout.
....
....
Etc.

Nota. Les pronoms qui ne sont pas séparés par un filet | n'ont ni genre ni nombre (ils ont seulement la personne); tels sont les pron. démonstratifs *ce, ceci, cela;* les pron. interrogatifs *qui? que? quoi?* et quelques autres. — Quant aux pron. relatifs *qui* et *que,* ils sont du même genre, du même nombre, et de la même personne que leur *antécédent.*

(Voyez le nº suivant pour l'explication du mot *antécédent.*)

15. Le substantif placé avant le pronom relatif *qui* ou *que*, s'appelle l'*antécédent* de ce pronom relatif : *l'homme qui parle*, (le subst. *homme* est l'antécédent du pron. relatif *qui*); *la femme que je regarde*, (le subst. *femme* est l'antécédent du pron. relatif *que*).

16. Le *Verbe* est un mot qui exprime une action ou un état : *cet homme* COURT *dans les champs, cet enfant* SOUFFRE *beaucoup*.

17. Il y a 7 espèces de verbes :

1° Le verbe auxiliaire.
2° Le verbe substantif.
3° Le verbe actif.
4° Le verbe neutre.
5° Le verbe passif.
6° Le verbe pronominal.
7° Le verbe unipersonnel.

18. Le verbe *auxiliaire* est celui qui *aide* à conjuguer tous les autres verbes; il y en a deux : l'auxil. *avoir* et l'auxil. *être : j'*AI *aimé, je* SUIS *arrivé*.

19. Le verbe *substantif* est le verbe *être* quand il n'est pas joint à un participe passé (car alors il serait auxiliaire) : *je* SUIS *malade*.

20. Le verbe *actif* est celui après lequel on peut mettre ces mots *quelqu'un* ou *quelque chose : je* REGARDE *cet homme, j'*ÉCRIS *une lettre*.

20 *bis*. Le verbe *neutre* est celui après lequel on ne peut pas mettre ces mots *quelqu'un* ou *quelque chose : je* DORS, *je* PARS.

21. Le verbe *passif* est le participe passé d'un verbe actif, conjugué dans tous les temps avec l'auxil. *être : je suis regardé, j'étais regardé, je fus regardé, j'ai été regardé*, etc.

22. Le verbe *pronominal* est celui qui se conjugue avec deux pronoms de la même personne désignant le même individu : *je me flatte, tu te flattes, il se flatte, nous nous flattons, vous vous flattez, ils se flattent*.

23. Le verbe *unipersonnel* est celui qui ne se conjugue qu'à la 3e personne du singulier, avec le pron. *il* qui ne signifie rien : *il pleut, il vente, il neige, il faut*, etc.

24. Le *Participe* est un des temps du verbe. Il y a 2 participes : le *participe présent* (toujours terminé par

ant) : *aimant, courant;* et le *participe passé* (presque toujours terminé par *é, i, u*) : *aimé, fini, reçu.*

25. La *Préposition* est un mot qui précède le substantif, le pronom, et l'infinitif, pour former ce qu'on appelle un régime ou complément indirect : *je viens* DE *Paris. Je vais* CHEZ *lui. Je travaille* POUR *vivre.*

26. *Table des principales Prépositions* (*).

A.	Chez.	Moyennant.
De.	Contre.	Sans.
Avec.		
	Voici.	En.
Pour.	Voilà.	Entre.
Par.		
Parmi.	Avant.	Depuis.
	Après.	
Dans.		Vers.
Pendant.	Devant.	Envers.
	Derrière.	
Sur.		Malgré.
Sous.	Selon.	.... etc.

27. L'*Adverbe* est un mot ajouté principalement à un verbe pour exprimer une des 9 choses suivantes :

1° La manière : cet enfant parle *bien.*

2° L'ordre : *premièrement* vous écrirez, *secondement* vous lirez, *ensuite* vous sortirez.

3° Le lieu : venez *ici, où* allez-vous ? asseyez-vous *là.*

4° Le temps : vous viendrez *demain.* Il est arrivé *hier.*

5° La quantité : il mange *beaucoup.* Il boit *peu.*

6° La comparaison : il travaille *plus* que vous.

7° L'affirmation : *oui,* je le ferai *certainement.*

8° La négation : *non,* je *ne* le ferai *pas.*

9° Le doute : je le ferai *probablement.*

(*) Je n'ai donné ici que les prépositions les plus usitées. La *Table complète des Prépositions* (ainsi que celle des *Adverbes,* des *Conjonctions,* et des *Interjections*), se trouve dans ma *Grammaire française, 3e degré.* — Je n'ai pas non plus observé ici l'ordre alphabétique, j'ai préféré grouper les mots par les analogies ou par les oppositions qu'ils présentent : l'expérience m'a prouvé que ce classement offre plus de prise à la mémoire.

28. L'*Adverbe* se joint aussi aux participes, aux adjectifs qualificatifs, et à d'autres adverbes : il est BIEN *estimé*. Vous êtes BIEN *aimable*. Il chante BIEN *agréablement*.

29. *Table des principaux Adverbes.*

Bien.	Oui.	Dessus.
Mal.		Dessous.
Mieux.	Non.	Dedans.
	Ne.	Dehors.
Aujourd'hui.	Pas.	
Demain.	Point.	Tard.
Hier.		Bientôt.
Maintenant.	Combien.	Vite.
Déjà.	Peu.	Ensuite.
	Beaucoup.	
Souvent.	Guère.	Ici.
Jamais.	Très.	Là.
Toujours.	Trop.	Où.
	Assez.	Ailleurs.
Quelquefois.		
Autrefois.	Plus.	Comment.
	Moins.	Auparavant.
Ensemble.	Davantage.	Y .... etc.

30. *Nota.* La plupart des adjectifs qualificatifs forment des adverbes de manière, en ajoutant la syllabe *ment* : *joli* forme *joliment*, *sage* = *sagement*, *hardi* = *hardiment*, *agréable* = *agréablement*, etc.

Il en est de même des adjectifs numéraux : *premier* forme *premièrement*, *second* = *secondement*, *troisième* = *troisièmement*, etc.

31. La *Conjonction* est un mot qui sert à joindre un mot à un autre mot : *j'ai un couteau* ET *un canif*. — Ou une phrase à une autre phrase : *il parle peu* ET *il réfléchit beaucoup*.

32. *Table des principales Conjonctions.*

Et.	Que.	Ou.
Si.	Quoique.	Mais.
Lorsque.	Car.	Puisque.
Quand.	Ni.	.... etc.

33. L'*Interjection* est un mot qui sert à jeter un cri, pour exprimer la joie, la douleur, l'étonnement : AH! *quel bonheur!* OH! *que je souffre!* HA! *j'ai eu peur!*

34. *Table des principales Interjections.*

Ha!	Ho!	Chut!
Ah!	Oh!	Ouf!
Hé!	Holà!	Bah!
Eh!	Aïe!	....
Hélas!	Fi!	Etc., etc.

DES DIFFÉRENTES SORTES D'ARTICLES.

35. Il y a 3 sortes d'articles : l'article *simple*, l'article *élidé*, et l'article *composé* (ou *contracté*).

36. L'article simple est *le* pour le masculin, *la* pour le féminin, *les* pour le pluriel, soit masculin soit féminin.

37. L'article élidé est celui dont on a retranché la voyelle *a* ou *e* : *l'armée* (au lieu de *la armée*); *l'argent* (au lieu de *le argent*).

38. L'article composé ou contracté est celui qui renferme la préposition *à* ou *de* et l'article *le*, *les* : *au*, c'est-à-dire *à le* ; *aux*, c'est-à-dire *à les*; *du*, c'est-à-dire *de le*; *des*, c'est-à-dire *de les*.

39. EXERCICE D'ANALYSE SUR LES DIX ESPÈCES DE MOTS.

L'Elève fera l'analyse grammaticale des phrases ou des parties de phrases suivantes. Pour cela, il disposera son papier par colonnes, comme dans le *Modèle d'Analyse* ci-joint, page 56; — seulement il ne remplira que les 6 premières colonnes, la 7e sera l'objet de la 2e *partie de l'Analyse*.

Le bon père. Le joli jardin. Le beau rosier. Le livre utile. La bonne mère. La belle rose. La chambre grande, froide. Les hommes savants. Les écoliers attentifs. Les dames spirituelles. L'arbre utile. L'armée victorieuse. L'homme aimable.. L'épée longue.

Un franc. Deux maisons. Cent lieues. Mon livre. Ton chapeau. Son habit. Notre cahier. Votre gilet. Leur père. Ma chambre Ta porte. Mes amis. Tes sœurs. Nos parents. Ce château. Cette fenêtre. Ces meubles. Quel livre? Quelle histoire? Quels hommes? Plusieurs plumes. Quelques livres. Certains animaux. Du pain, des fruits, de la crême. Chaque professeur.

Je regarde ce tableau. Tu écoutes la musique. Il étudiait sa leçon. Elle raccommode des chemises. Nous parlons. Tu admires ces ouvrages. Vous dormez. Ils écriront des lettres. Elles chantent des romances. Ce château est le mien. Cette chambre est la tienne. Ces plumes sont les miennes. Ce sera beau. C'est vrai. C'était bon. J'aime ceci. Je recherche cela. L'homme qui parle. La femme qui écrivait. Les oiseaux qui volaient. Les affaires qui m'occupent. Qui entre? Qui demandez-vous? Que desirez-vous? Que voudriez-vous? Messieurs. On frappe à la porte. On entrera. Il perdra tout. Il voulait tout. Personne ne viendra. Chacun parle de cette affaire.

Nous admirons l'univers. J'estime les enfants obéissants. Il perdra la tête. Nous écrirons toute la soirée. Elle dansa toute la nuit. Nous rirons. Vous ririez. Il me regarde. Je voudrais sortir. Nous avons plusieurs élèves intelligents. Tout le monde pensa à vous, Mesdames.

Nous avons étudié nos leçons. Vous aviez taillé vos plumes. Elle aura parlé. Ils auraient pensé à votre malheureux accident. J'ai dîné à trois heures. Vous eûtes dîné. Vous aviez terminé votre devoir à cinq heures.

Je veux voir ce spectacle. Ils savent dessiner. Vous pouvez entrer. Ils pouvaient sortir. Elles aimaient à danser. Nous apprîmes à peindre.

Courez à lui. Venez lui parler. Ecoutez ses sages conseils. Madame, écrivez cette lettre. Messieurs, partez. Réfléchissez, Mesdemoiselles. Mon cher ami, voyez ces belles gravures.

Un homme aimant Dieu. Une femme faisant son devoir. Une mère chérissant ses filles. Un frère embrassant sa sœur. Des enfants craignant Dieu. Un soldat servant son pays.

Je parle à mon maître Je viens de Paris. Je me rends chez lui. Je travaille pour vivre. Il sortit par la fenêtre. Ces oiseaux chantent pendant la nuit. Il est contre le mur. Venez avant midi. Il vint avec moi. Il travailla malgré toi. Elles sont sans pain. Voici mon cheval, voilà le vôtre. Je pense aux plaisirs du printemps. J'aime les amusements des enfants. La lumière du soleil nous réjouit. Je vais à la chasse aux loups. J'irai au bal.

Ce jeune homme écrit bien. Tu parles mal. Viendrez-vous demain? oui. Il ne vint pas. Je mange peu. Il boit beaucoup. Oui, je serai sage. Ma maison est plus grande. Il écrit assez bien. Cette femme parle poliment. Elle a chanté fort agréablement. Elle se conduit honnêtement. Ils ont toujours raison. Vous avez souvent tort. Nous irons ensemble.

Le père et la mère vinrent avec eux. Je voudrais voir le frère ou la sœur. Venez si vous avez le temps. Partez quand vous voudrez. Je desire que vous réussissiez. Venez, mais ne vous faites pas attendre. Je n'aime ni le jeu ni la chasse. J'aurai soin de vous lorsque vous serez malade, mon ami. Prenez ces livres, puisqu'ils sont à vous. Il est généreux, quoiqu'il soit pauvre.

Ha! j'ai eu peur! Hélas! je suis bien malheureux! ô mon Dieu! écoutez ma prière. Holà! venez ici. Chut! ne dites rien. Fi! c'est très-laid. Ouf! je meurs de chaud. Aïe! vous me faites du mal.

Les hommes vertueux sont généralement estimés de tout le monde; mais, hélas! combien ils sont souvent à plaindre!.......

DE LA DÉCOMPOSITION DES PRONOMS.

40. Quand on fait l'analyse grammaticale d'une phrase, il est utile de décomposer certains pronoms pour faciliter l'analyse et pour faire reparaître les prépositions sous-entendues :

Je *me* flatte, décomposez : je flatte *moi*.
Il *me* parle, décomposez : il parle A *moi*.
L'homme *dont* je parle, décomp. : l'homme *de qui* je parle.

Nota. La décomposition des pronoms s'écrit dans la 7e colonne. (Voyez le *Modèle d'analyse*, page 56.)

41. Voici la décomposition de quelques pronoms :

CE (pron. dém.) se décompose par : *cela*.
DONT (pron. rel.) = *de qui, duquel, de laquelle, desquels, desquelles.*
EN (pron. rel.) = *de lui, d'elle, d'eux, d'elles, — de cela, — de cet endroit, de ce lieu.*
LE (pron. pers.) = *lui.*
LA (pron. pers.) = *elle.*
LES (pron. pers.) = *eux, elles.*
LUI (pron. pers.) = *à lui, à elle.*
LEUR (pron. pers.) = *à eux, à elles.*
ME (pron. pers.) = *moi, à moi, en moi.*
PERSONNE (pron. indéf.) = *qui que ce soit.*
QUI (pron. rel.) = *lequel, laquelle, lesquels, lesquelles.*

QUI? (pron. interr.) = *quelle personne?* (avec interrogation).
QUE (pron. rel.) = *lequel, laquelle, lesquels, lesquelles.*
QUE? (pron. interr.) = *quelle chose?* (avec interrogation.)
QUOI (pron. rel.) = *lequel, laquelle, lesquels, lesquelles.*
QUOI? (pron. interr.) = *quelle chose?* (avec interrogation).
RIEN (pron. indéf.) = *aucune chose, nulle chose.*
SE (pron. pers.) = *soi, à soi, en soi. — lui, à lui, en lui. — elle, à elle, en elle. — eux, à eux, en eux. — elles, à elles, en elles.*
TE (pron. pers.) = *toi, à toi, en toi.*
TOUT (pron. indéf.) = *toute chose, toutes sortes de choses.*

42. Les pronoms *auquel, duquel,* etc., se décomposent de la manière suivante :

Auquel	se décompose par	*à lequel.*
Auxquels	—	*à lesquels.*
Auxquelles	—	*à lesquelles.*
Duquel	se décompose par	*de lequel.*
Desquels	—	*de lesquels.*
Desquelles	—	*de lesquelles.*

EXERCICE D'ANALYSE SUR LA DÉCOMPOSITION DES PRONOMS.

L'Elève fera l'analyse grammaticale des phrases suivantes où se trouvent des pronoms qui se décomposent. Il écrira la décomposition de ces pronoms dans la 7e colonne. (Voyez le *Modèle d'analyse,* page 56.)

Je me flatte. Il me parle. Nous te regardons. Elle te dira cela. Votre sœur s'habille. Ces dames se nuisent en parlant trop. Voici votre cousin, je l'aperçois. Votre sœur viendra ce soir, je l'attends. Prenez ces gravures, emportez-les, je vous les donne. Je vais chez ma tante, je lui parlerai de vous. Ces enfants ont soif, je leur donnerai à boire. Le livre que je lis est intéressant, on en parle beaucoup. Voici l'homme dont je vous ai entretenu. L'affaire dont je m'occupe est sérieuse. Prenez les papiers qui sont là. Aimez-vous la crême? c'est une très-bonne chose. Personne ne viendra. Ce jeune homme ne sait rien. Qui frappe? Que desirez-vous? A quoi pensez-vous? Voilà la cause pour quoi on l'a arrêté. Tout me convient. Je m'imagine cela.

DES MOTS QUI SONT DE PLUSIEURS ESPÈCES.

43. Il y a des mots qui peuvent être de plusieurs espèces, selon le sens qu'ils présentent et selon la fonction qu'ils

remplissent. Tels sont les mots suivants, et plusieurs autres que l'usage apprendra :

BIEN peut être de 2 espèces;
1° Substantif : *faites le* BIEN.
2° Adverbe : *il écrit* BIEN.

CE. — de 2 espèces;
1° Adjectif démonstratif : CE *livre est bon.*
2° Pronom démonstratif : CE *sera beau.*

DE. — De 2 espèces;
1° Préposition : *je parle* DE *lui.*
2° Adjectif indéfini : *je lis* DE *bons livres.*

DU. — De 2 espèces;
1° Article composé : *la lumière* DU *soleil nous réjouit.*
2° Adjectif indéfini : DU *pain me suffit.*

DES. — De 2 espèces;
1° Article composé : *voilà le plaisir* DES *enfants.*
2° Adjectif indéfini : *voici* DES *dames.*

Nota. Quand *du, des,* signifient *quelques, plusieurs, une certaine quantité de, un peu de,* ce sont des *adj. indéfinis*; ils s'analysent ainsi :

Du. — adj. indéfini. masc sing.
Des. — adj. indéfini. masc. (ou fém.) plur.

Quand *du, des,* ne signifient pas *quelques, plusieurs,* etc., ce sont des *articles composés* (ou *contractés*); ils s'analysent ainsi :

Du { *de* — préposition.
le — article simple. masc. sing. }

Des { *de* — préposition.
les — article simple. masc. (ou fém.) plur. }

EN. — De 2 espèces;
1° Préposition : *il voyage* EN *Italie.*
2° Pronom relatif : *on* EN *parle.*

LE. — De 2 espèces;
1° Article simple : *donnez-moi* LE *dictionnaire.*
2° Pronom personnel : *voici votre père, je* LE *connais.*

Etc. etc. etc. etc.

EXERCICE D'ANALYSE SUR DES MOTS QUI SONT DE PLUSIEURS ESPÈCES.

Avancez la table, mettez-la ici. Les enfants de ce Monsieur sont gais, les voici. Ces demoiselles ont leur père ici. Je vais chez vos sœurs, je leur parlerai. Ma maison est grande, la leur est petite. Je connais l'homme qui entre. Qui est là ? J'écoute les histoires que vous racontez. Que dites-vous ? Monsieur. Je veux que vous vous appliquiez à vos devoirs. Voilà les choses à quoi je m'occupe. A quoi pensiez-vous ? Je veux tout ou rien. Tout homme doit être vertueux. Elle chante bien. Gardez votre bien. Ce cheval est vif, c'est vrai. Vous buvez de l'eau. On a fait le portrait de cet artiste. Donnez-moi du pain et des fruits. Je viens du spectacle. Ecoutez le bruit des vents. Voici des fleurs, prenez-en. J'ai voyagé en Angleterre. J'ai apporté votre manteau, le voici, je le mets sur le fauteuil.

2e PARTIE DE L'ANALYSE :
Fonctions des mots.

DU NOMINATIF OU SUJET.

44. Le Nominatif ou Sujet est le mot *qui fait l'action*, ou *qui se trouve dans l'état* qu'exprime le verbe :

Cet HOMME *court* dans les champs.

Cet ENFANT *souffre* beaucoup.

45. On trouve le nominatif ou sujet en mettant *qui?* devant le verbe; la réponse indique le nominatif ou sujet :

Qui court? — réponse : *cet homme*.

(Donc, *homme* est le nominatif ou sujet du verbe *court*.)

Qui souffre? — réponse : *cet enfant*.

(Donc, *enfant* est le nominatif ou sujet du verbe *souffre*.)

46. L'impératif a son nominatif ou sujet toujours sous-entendu :

Venez (c'est-à-dire vous *venez*).

47. L'infinitif n'a pas de nominatif ou sujet (ni exprimé ni sous-entendu) :

Vous devez *travailler*.

48. Le mot qui sert de nominatif ou sujet est :
ou un substantif : L'HOMME *pense*.
ou un pronom : IL *réfléchit*.
ou infinitif : LIRE *est* utile.
ou une partie de phrase : QUE JE FASSE CELA *est* impossible.

EXERCICE D'ANALYSE SUR LE NOMINATIF OU SUJET.

Le lièvre court. Les hommes sages vivent heureux. Le soleil éclaire le monde. Le mensonge est nuisible. L'étude forme le cœur. Dieu punira les méchants. Vous parlez toujours, vous n'écrivez jamais. La Grammaire est difficile. Cela est beau. On frappe. Nous parlerons de votre procès. Nous voudrions partir demain. Notre jeune frère sait écrire.

Venez chez moi. Partez à deux heures. Ecrivons ces lettres. Mentir est honteux. Faire des vers est sa passion. Dessiner est son bonheur. Travailler est utile. Viendrez-vous? Que dites-vous? Que je fasse cela est impossible. Que j'écrive toutes ces lettres aujourd'hui serait trop long. Là coulent plusieurs ruisseaux.

DU RÉGIME OU COMPLÉMENT.

49. Le Régime ou Complément est le mot qui *complète le verbe actif* ou *la préposition* :

Mon père *écrit* une LETTRE.
Je pense *à* ma SOEUR.

50. Le régime ou complément d'un verbe actif se nomme régime ou complément *direct*.

51. Le régime ou complément d'une préposition se nomme régime ou complément *indirect*.

52. On trouve le rég. ou compl. d'un verbe actif ou d'une préposition en mettant *qui?* ou *quoi?* après le verbe ou après la préposition; la réponse indique le régime ou complément :

Mon père *écrit* QUOI? — réponse : une *lettre*.
(Donc, *lettre* est le rég. ou compl. du v. *écrit*.)
Je pense *à* QUI? — réponse : à ma *sœur*.
(Donc, *sœur* est le rég. ou compl. de la prép. *à*.)

53. Le mot qui sert de régime ou complément, tant au verbe actif qu'à la préposition, est :

ou un substantif : je *regarde* ce CHEVAL. Je vais *à* PARIS.
ou un pronom : j'*aime* CELA. Je pense *à* LUI.
ou un infinitif : je *veux* SORTIR. Je suis disposé *à* ÉTUDIER,
ou une partie de phrase : je *desire* QU'IL VIENNE ME VOIR.
Il pense *à* JE NE SAIS QUELLE AFFAIRE.

54. Le participe présent précédé de la préposition *en*, est le régime ou complément de cette préposition :

Il est parti *en* PLEURANT.

EXERCICE D'ANALYSE SUR LE RÉGIME OU COMPLÉMENT.

Je donne ma bourse à un pauvre. Vous écrivez une lettre avec facilité. Je connais cette nouvelle depuis deux jours. Nous prêtons souvent nos livres à nos amis. Fuyez les procès. Adorons Dieu. J'admire l'univers. Je respecte le malheur. Elle plaît à tout le monde. Tu partiras avec le général. Il rit de cela. Il pense quelquefois à vous. Je veux que vous veniez chez moi. Les professeurs desirent que leurs élèves fassent des progrès. Il sait dessiner. Il voudrait sortir. Elle pense à partir. Nous devons travailler pour vivre. Il a le desir de plaire. Voici mes plaisirs. Il pense à je ne sais quelle affaire. Il travaille à je ne sais quel ouvrage. Quel livre lisez-vous? Quel projet avez-vous? Je vous aime. Il me voit. Elle te salue. Il est parti en pleurant. Elles travaillent en chantant. Ils tomberont en courant.

DU VOCATIF OU APOSTROPHE.

55. Le Vocatif ou Apostrophe est le mot qui sert à adresser la parole à quelqu'un ou à quelque chose :

Madame, vous viendrez avec nous.
Ciel, exauce ma prière.

56. Le mot qui sert de vocatif est :

ou un substantif : *Jules*, écoutez-moi.
ou un pronom : *Toi*, reste là.

57. Les substantifs-vocatifs sont toujours à la 2e personne.

EXERCICE D'ANALYSE SUR LE VOCATIF OU APOSTROPHE.

Mon ami, écoutez mes conseils. Mon Dieu, ne rejetez pas mes prières. Ma chère Louise, je t'aime tendrement. Madame, votre fille est charmante. Je vous salue, Messieurs. Campagne délicieuse, je te regrette vivement. Toi, viens ici. Vous, Mesdemoiselles, suivez mes avis.

DU QUALIFICATIF.

58. Le Qualificatif est le mot qui exprime la qualité, la manière d'être du substantif ou du pronom :

Cet *arbre* est HAUT.
Il est BEAU.

59. Le mot qui sert de qualificatif est :

ou un adj. qualific. : *Dieu* est BON.
ou un substantif : Mon *père* est un NÉGOCIANT.
ou un infinitif : *Espérer* est JOUIR.
ou un pronom : Cette *plume* est la MIENNE.

60. Il faut remarquer que le mot qui qualifie et le mot qui est qualifié se réunissent dans notre esprit pour ne former qu'une seule et même idée : les deux mots s'identifient.

EXERCICE D'ANALYSE SUR LE QUALIFICATIF.

Cette femme est estimable. Le soleil est chaud. Mon oncle est un marchand. Elle est jolie. La terre est ronde. Je suis père. Vous êtes ma consolation. Lire est utile. Lire est mon plaisir. Ce château est le mien. Cette chambre est la vôtre. L'espérance est agréable. L'espérance est une jouissance. Espérer est jouir.

Ma fille Marie est vive. Le poète Lebrun est estimé. Le ministre Polignac fut condamné. On les a nommés présidents. Je les ai nommés mes héritiers. Il se croit le maître. Votre frère s'institue le juge de l'affaire. Votre fils a été reçu bachelier. Il a été fait général. Votre cousin a été nommé député.

FONCTIONS DES PRONOMS RELATIFS *Qui* ET *Que*.

61. Le pronom relatif *qui* est sujet du verbe qui est le plus près de lui (mais qui est après lui) :

Le livre QUI *est* là m'appartient.

(*Qui* est sujet du verbe *est*.—Et *livre* est sujet du verbe *appartient*.)

62. Quand le pronom relatif *qui* est placé après une préposition, il est régime ou complément de cette préposition : voici l'homme *à qui* vous voulez parler.

63. Le pronom relatif *que* n'est jamais sujet d'un verbe; il est régime :

Le livre QUE je *lis* est intéressant.

(*Que* est régime du v. *lis*.— Et *livre* est sujet du v. *est*.)

EXERCICE D'ANALYSE SUR LES PRONOMS RELATIFS *QUI* ET *QUE*.

J'ai une montre qui va bien. J'ai vu une tragédie qui est bien belle. L'enfant qui est attentif est digne d'éloges. L'élève qui étudie est aimé de ses maîtres. Choisissez les amis à qui vous voulez donner votre confiance. La personne de qui j'ai appris cette nouvelle mérite toute ma confiance.

J'aime beaucoup les enfants que vous avez. Connaissez-vous les dames que vous voyez ici ? La leçon que j'étudie est difficile. Voici des ouvrages que j'estime infiniment. Ces deux tableaux sont ceux que je préfère. Prenez les livres que voici.

DES PRÉPOSITIONS SOUS-ENTENDUES.

64. La préposition qui sert à former le régime indirect, est quelquefois sous-entendue.

65. Voici quelques-unes des prépositions qui peuvent se sous-entendre :

A. — Je lui parle (c'est-à-dire : je parle *à* lui).
De. — J'en parle (c'est-à-dire : je parle *de* lui).
Pendant. — Il a régné vingt ans (c'est-à-dire : il a régné *pendant* vingt ans).
Dans. — Il viendra la semaine prochaine (c'est-à-dire : il viendra *dans* la semaine prochaine).
En. — Je m'imagine cela (c'est-à-dire : j'imagine cela *en* moi).
Pour.—Je viens dîner (c'est-à-dire : je viens *pour* dîner).
Voici. — Mon père, une lettre! (c'est-à-dire : mon père, *voici* une lettre).
Voilà. — Ma mère, la voiture! (c'est-à-dire : ma mère, *voilà* la voiture!).
Avec. — Il est parti, la joie dans le cœur (c'est-à-dire : il est parti *avec* la joie dans le cœur).
Après. — Le dîner achevé, nous partîmes (c'est-à-dire : *après* le dîner achevé, nous partîmes).
Etc. etc. etc.

EXERCICE D'ANALYSE SUR LES PRÉPOSITIONS SOUS-ENTENDUES.

Je vous écrirai un billet, n'en parlez à personne. Je travaille toute la journée. Le courrier arrive ordinairement la nuit. Elle s'imagine qu'elle réussira. Je cours prévenir mon oncle de cet accident. Une visite! ma sœur. Il est arrivé, les yeux égarés. Notre visite finie, nous montâmes en voiture. Louise, l'omnibus! descends vite. Elle se rit de vos menaces.

DES PRÉPOSITIONS INUTILES.

66. Les prépositions *à* et *de* placées devant un infinitif ne forment pas toujours un rég. indirect : *il aime* à DESSINER; l'infinitif *dessiner* n'est pas le régime de la prép. A, il est le rég. du verbe *aime*. Ce qui le prouve, c'est que si l'on demande : *il aime quoi?* on aura pour réponse ces mots : *à dessiner*. Puisqu'on dit : *il aime* LE DESSIN, on devrait dire : *il aime* DESSINER; d'ailleurs, ne dit-on pas sans préposition : *il aime mieux dessiner*. — De même, dans cette phrase : *Il vous recommande* DE LIRE : *lire* est le rég.

du verbe *recommande*, et non de la prép. *de;* puisqu'on dit : *il vous recommande* LA LECTURE, on devrait dire : *il vous recommande* LIRE. L'usage a placé ces prép. *à* et *de* devant les infinitifs, mais grammaticalement elles sont *inutiles*.

67. On reconnaît que la préposition *à* ou *de* est inutile, lorsque l'infinitif est après un verbe actif.

OBSERVATIONS SUR LES VERBES PRONOMINAUX.

68. Le second pronom d'un verbe pronominal est tantôt régime direct, tantôt régime indirect, et quelquefois il n'est rien du tout, car on ne peut pas l'analyser :

Je *me* flatte (c'est-à-dire : je flatte *moi*) = rég. direct.

Je *me* nuis (c'est-à-dire : je nuis *à moi*) = rég. indirect.

La corde *se* cassera (on ne peut pas dire : la corde cassera *soi*.) = *se* ne peut donc pas s'analyser.

69. Tous les verbes pronominaux se conjuguent aux temps composés avec l'auxiliaire *être*.

70. Cet auxiliaire *être* est très-souvent employé pour l'auxiliaire *avoir* :

Je me SUIS *flatté*, c'est-à-dire : *j'*AI *flatté moi*.

*Je m'*ÉTAIS *habillé*, c'est-à-dire : *j'*AVAIS *habillé moi*.

*Il s'*EST *nui*, c'est-à-dire : *il* A *nui à soi*.

71. Cependant dans les phrases suivantes : *ces marchandises se* SONT *bien vendues*, le bon sens s'oppose au changement de l'auxiliaire *être* en auxiliaire avoir; en effet, on ne peut pas dire : *ces marchandises* ONT *bien vendu elles*. — La *corde s'*EST *cassée*, ne peut pas se décomposer par : *la corde* A *cassé soi*. — Etc., etc.

EXERCICE D'ANALYSE SUR LES VERBES PRONOMINAUX.

Je me suis habillé très-vite. Nous nous sommes parlé à la promenade. Vous vous êtes vus, Messieurs, au spectacle. Ma sœur, tu t'es fait mal. Ils se sont repentis de leur étourderie. Nous nous sommes nui mutuellement. Ces vases se sont cassés. Louise s'est coupé le doigt. Nous nous sommes servis de ce livre. Elles se seraient dit des injures. Je me suis aperçu dans la glace. Je me suis aperçu de cela. Ils se sont moqués de moi. Cette dame s'est évanouie. Cette bourse s'est perdue. Ces livres se sont bien conservés. Elle s'est mise au lit.

OBSERVATIONS SUR LES VERBES UNIPERSONNELS.

72. Le verbe *unipersonnel* est celui qui ne s'emploie qu'à la 3e personne du singulier avec le pronom *il ;* mais il faut remarquer que ce pronom *il* ne tient la place d'aucun substantif déjà nommé; il ne signifie absolument rien : *il pleut, il faut.*

73. Il y a deux espèces de verbes unipersonnels : 1° les verbes unipersonnels *essentiels,* c'est-à-dire qui sont unipersonnels de leur nature; et 2° les verbes unipersonnels *accidentels*, c'est-à-dire qui ne sont unipersonnels que par accident, parce qu'ils sont formés d'un verbe primitivement actif, neutre, ou autre.

74. On reconnaît qu'un verbe actif, neutre, passif, pronominal, et même le verbe *avoir* et le verbe *être*, deviennent *unipersonnels,* quand le pronom *il* ne tient la place d'aucun substantif :

Il FAIT une chaleur insupportable.
Il ARRIVERA plusieurs courriers aujourd'hui.
Il EST ÉCRIT que je ne réussirai pas.
Il SE RASSEMBLE ici des gens armés.
Il y A long-temps.
Il EST nuit.

Tous ces verbes sont *unipersonnels accidentels.*

75. Le pronom *il* ne signifiant rien, n'est que le nominatif ou sujet *apparent.*

76. Le verbe unipersonnel a un autre sujet qu'on appelle *sujet réel.*

77. On trouve ce sujet réel, comme dans les autres espèces de verbes, en mettant *qui?* devant : *Il arrivera plusieurs courriers, qui arrivera? —plusieurs courriers,* voilà le *sujet réel.*

78. Le sujet réel est presque toujours placé *après le verbe.*

79. De plus, ce sujet réel a l'apparence d'être le rég. direct, car il répond à la question *qui?* ou *quoi?* placée après le verbe : *il arrivera* QUI? — réponse : *plusieurs courriers.* Mais il ne faut pas oublier que le verbe actif est *le seul* qui puisse avoir un régime direct.

80. Tous les verbes unipersonnels n'ont pas un sujet réel : *il pleut, il neige,* etc. — En effet, on ne peut pas faire de réponse aux questions : *qui pleut? qui neige?*

81. Il y a 3 verbes unipersonnels dont on ne peut trouver le sujet réel qu'en les tournant par d'autres verbes :

Il faut doit se tourner par : *il est nécessaire*.
Il fait — — — par : *il est fait*.
Il y a — — — par : *il est* ou *il existe*.

Exemples :

IL FAUT *que je sorte* (tournez : IL EST NÉCESSAIRE *que je sorte*). — IL FAIT *une chaleur insupportable* (tournez : IL EST FAIT *une chaleur insupportable*).—IL Y A *des femmes savantes* (tournez : IL EST OU IL EXISTE *des femmes savantes*).

Si l'on ne changeait pas ces 3 verbes, on ne pourrait pas trouver le sujet réel, parce que les questions : *qui faut? qui fait? qui a?* ne signifient absolument rien.

Nota. Dans cette dernière phrase : *il y a des femmes savantes*, le mot *y* ne peut pas s'analyser, parce qu'il ne signifie rien.

EXERCICE D'ANALYSE SUR LES VERBES UNIPERSONNELS.

Il pleuvait hier. Il neigera cette nuit. Il ne vente pas. Il faudra que je sorte. Il arrivera quelque malheur. Il a été perdu une bourse. Il fait un froid très-vif. Il court des bruits sur votre compte. Il existe là un beau monument. Il y a là un beau tableau. Il est tombé de la neige. Il se présentera plusieurs personnes chez vous. Il s'est glissé quelques fautes dans cet ouvrage. Il me manque vingt francs. Il a été livré une bataille mémorable. Il paraît que vous êtes malade. Il a été fait une découverte précieuse. Il a été lancé des pierres contre cet homme. Il me vient une idée. Il est huit heures. Il fait nuit. Il y a quelques jours que je ne l'ai vu.

DES ELLIPSES.

82. L'*Ellipse* consiste dans le retranchement d'un ou de plusieurs mots : *il parle beaucoup, et n'agit pas* (et sans ellipse : *il parle beaucoup, et* IL *n'agit pas*). — *Il est blanc comme la neige* (et sans ellipse : *il est blanc comme la neige* EST BLANCHE).

DES INVERSIONS.

83. L'*Inversion* est un changement dans l'ordre généralement suivi pour la construction des phrases : *là coulent mille divers ruisseaux* (et sans inversion : *mille divers ruisseaux coulent là*).

DES PLÉONASMES.

84. Le *Pléonasme* est le contraire de l'ellipse; c'est lorsqu'il y a dans la phrase quelque mot qui pourrait être retranché sans nuire au sens : MOI, *je t'aime!* (et sans pléonasme : *je t'aime!*) — *Il est venu* LUI-MÊME (et sans pléonasme : *il est venu*).

DES IDIOTISMES.

85. Un *Idiotisme* est une manière de s'exprimer irrégulière, contraire aux règles générales, mais autorisée par l'usage. On reconnaît qu'il y a un idiotisme dans une phrase, lorsqu'on rencontre des mots qui ne peuvent pas s'analyser : *je* M'EN *vais* (on ne peut pas analyser *m'* ni *en*). — IL Y *a là quelqu'un* (on ne peut pas analyser IL ni Y). — *Je* ME *porte bien* (on ne peut pas analyser *me*).

86. Quand on fait l'analyse grammaticale d'une phrase où se trouve un idiotisme, il faut avoir soin d'écrire à côté des mots qui ne peuvent pas s'analyser : *ce mot ne signifie rien*. — Et dans la 7e colonne, on écrira ces mots : *idiotisme*, et *sans idiotisme*......... (en tournant la phrase par une autre équivalente, mais qui ne renfermera pas d'idiotisme). — Ainsi :

Je m'en vais (tournez : *je pars* ou *je sors*).
Il y a là quelqu'un (tournez : *quelqu'un est là*).
Je me porte bien (tournez : *ma santé est bonne*).

EXERCICE D'ANALYSE

SUR LES ELLIPSES, LES INVERSIONS, LES PLÉONASMES, ET LES IDIOTISMES.

Je me meurs. Le temps se passe. Je m'en vais à Paris. Il se saisit d'un bâton. Je l'aime beaucoup, moi. Je le tiens, ce nid de fauvette!..... O mon Dieu! vous qui voyez mon repentir...:. Cet ouvrage est bon, très-bon. Il a obtenu toutes les faveurs qu'il a voulu. Il est plus savant que vous. Je veux qu'il meure, dit la Reine. Tel est mon avis. J'ai vu écrire cet enfant. Il vint quelques jours après. Il pleut toute la journée. Il y a des hommes qui pensent ainsi. Cette fleur se trouve dans les champs. C'est à lui que je veux parler. C'est nous qui vous rendrons ce service. Vous le haïssez; moi, je l'aime. Tu te plais ici. Elle se sert de mon livre. Il y avait autrefois un roi.

PHRASE A ANALYSER	1. ESPÈCES DE MOTS.	2. GENRES	3. NOMB.	4. PERS.	5. MODES.	6. TEMPS.	7. FONCTIONS DES MOTS.
Votre — — —	adjectif possessif.	f.	s.	....	....	....	
jeune — — —	adjectif qualific.	f.	s.	....	....	....	qualificatif du substantif *sœur.*
sœur — — —	substantif.	f.	s.	3e.	....	....	nominatif ou sujet du verbe *a parlé.*
m'a { me — —	pron. personnel.	m.	s.	1re.	....	....	(=à moi) rég. ou comp. de la pr. *à* sous-entendue
{ a — — —	verbe auxiliaire.	....	s.	3e.	indic.	prés.	*a parlé,* verbe neutre, passé indéfini.
parlé — — —	participe passé.	....	....	....	....	...	
hier — — —	adverbe de temps	....	....	....	....	....	
au { à — — —	préposition.	....	....	....	....	...	*au,* article composé ou contracté.
{ le — — —	article simple.	m	s.	....	....	...	
soir — — — —	substantif.	m.	s.	3e.	....	....	régime ou complément de la préposition *à.*
de — — — —	préposition.	....	....	....	....	....	
l'affaire { la — —	article simple.	f.	s.	....	....	....	*l'* article élidé.
{ affaire —	substantif.	f.	s.	3e.	....	....	régime ou complément de la préposition *de.*
qui — — — —	pronom relatif.	f.	s.	3e.	....	....	(=laquelle) nomin. ou sujet du verbe *intéresse.*
m'intéresse { me	pron. personnel.	m.	s.	1re.	....	....	(=moi) rég. ou complém. du verbe *intéresse.*
{ intér.	verbe actif.	....	s.	3e.	indic.	prés.	

3e PARTIE : ORTHOGRAPHE DE PRINCIPES.

CHAPITRE Ier. — *Du Substantif.*

FORMATION DU PLURIEL DANS LES SUBSTANTIFS.

1. RÈGLE GÉNÉRALE. Le Pluriel dans les substantifs se forme en ajoutant la lettre *s* à la fin du mot : un *jardin, des jardins.*

2.—1re *exception.* Les substantifs terminés au singulier par *s, x,* ou *z*, n'ajoutent rien au pluriel : un *bras,* des *bras;* une *voix,* des *voix;* un *nez,* des *nez.*

3.—2e *exception.* Les substantifs en *au* et en *eu* forment leur pluriel en ajoutant la lettre *x* : un *gâteau,* des *gâteaux;* un *neveu,* des *neveux.*

4. — 1re *remarque.* Les substantifs en *ou* forment leur pluriel en ajoutant la lettre *s*, (d'après la règle générale) : un *sou,* des *sous.*

5. Il faut excepter de la règle générale les 7 substantifs suivants, en *ou,* qui prennent la lettre *x* au pluriel : un *chou,* des *choux;* un *caillou,* des *cailloux;* un *joujou,* des *joujoux;* un *bijou,* des *bijoux;* un *genou,* des *genoux;* un *hibou,* des *hiboux;* un *pou,* des *poux.*

6. — 2e *remarque.* Les substantifs en *ant* et en *ent* doivent conserver le *t* au pluriel : un *enfant,* des *enfants;* un *serpent,* des *serpents.* — (Académie.)

DES SUBSTANTIFS ÉTRANGERS.

7. Les substantifs empruntés des langues étrangères ne prennent pas la marque du pluriel : un *alinéa,* des *alinéa;* un *piano,* des *piano;* etc.

Excepté un *numéro,* des *numéros.*

DES SUBSTANTIFS PROPRES.

8. Les noms propres ne prennent pas la marque du pluriel : *Les deux* CORNEILLE *étaient poètes.*

9. *Remarque.* On emploie quelquefois les articles pluriels *les, des, aux,* devant les noms propres, pour donner

plus d'élégance ou d'énergie à la phrase; mais il ne faut pas pour cela écrire les noms propres au pluriel : *Le siècle* DES BOSSUET *et* DES FÉNÉLON.

(Ce qui prouve que l'article pluriel *des* est employé ici par élégance, c'est qu'on pourrait supprimer l'article, et dire sans nuire au sens de la phrase : *Le siècle* DE BOSSUET *et* DE FÉNÉLON).

10. *Exception*. Quand les noms propres sont employés comme noms communs, c'est-à-dire pour servir de termes de comparaison, ils prennent la marque du pluriel : *Les* CORNEILLES *seront toujours rares*.

Pour reconnaître si un substantif propre est employé comme terme de comparaison, il faut voir si on peut le changer en subst. commun ayant la même signification. Dans l'exemple précédent : *Les* CORNEILLES *seront toujours rares*, on peut dire : *Les* BONS POÈTES TRAGIQUES *seront toujours rares;* alors le substantif *Corneille* s'écrira au pluriel.

DES SUBSTANTIFS COMPOSÉS.

11. Les substantifs composés s'écrivent au singulier et au pluriel, suivant le nombre qu'on obtient en décomposant l'expression : un *casse-noisettes* (c'est-à-dire un instrument qui casse *les noisettes*). — Des *serre-tête* (c'est-à-dire des bonnets qui serrent *la tête*).

Nota. Cependant le verbe ne se mettra pas au pluriel. — Il n'y a que le substantif, l'adjectif, et le participe passé qui puissent prendre la marque du pluriel.

12. *Remarque*. Il y a des subst. composés formés de deux mots tellement inséparables que la décomposition ne peut pas avoir lieu : un *loup-garou* (on ne peut pas dire : *un loup qui est garou*); alors on doit considérer le second mot comme un adjectif et le faire accorder : un *loup-garou*, des *loups-garous;* une *pie-grièche*, des *pies-grièches*, etc.

EXERCICE D'ORTHOGRAPHE SUR LE SUBSTANTIF

L'Elève *copiera* dans son cahier les phrases suivantes; il devra *corriger* les fautes qui s'y trouvent, et *souligner* les mots qui font l'objet de cet Exercice.—Et à la fin de chaque numéro, il expliquera *par écrit* la règle qui concerne le mot souligné.— *Nota*. Il y a des phrases qui n'ont pas de fautes.

1. Les deux Sénèque sont nés en Espagne. 2. Donnez-moi un essuie-main. 3. Les enfant aiment les gâteau. 4. Les deux Corneilles ne se sont pas également illustrés.

5. Je ne me sers jamais de tire-botte. 6. Ils sont très-braves, ce sont des César. 7. Servez-vous de ce cure-dent. 8. Vous lui devez cinq sou. 9. Avez-vous vu quelquefois des chat-huant? 10. Je ne crois pas aux loups-garou. 11. Observez bien les alinéas quand vous copiez dans les livre. 12. Retenez bien ces numéros. 13. Le siècle des Racines et des Boileaux est déjà loin de nous. 14. Les deux Scipions sont immortels. 15. Les Voltaire, les Pascal ne mourront jamais. 16. Les in-folios sont incommodes. 17. Tous les archevêques ne sont pas des Fénélon. 18. J'ai entendu aujourd'hui de très-bons piano. 19. Combien vous coûtent ces bijoux? 20. Les serpent ne marchent pas, ils rampent. 21. Les casse-noisette sont utiles. 22. Ce sont de vraies pies-grièches. 23. Ils ont joué des duos et des solo. 24. Tous les tragédien ne sont pas des Talma. 25. Nous irons à la campagne dans un char-à-banc. 26. Regardez travailler ces vers-à-soie. 27. Cet élève a obtenu plusieurs accessit. 28. Ce pianiste joue très-bien les adagios. 29. Elle a les cheveu blonds. 30. Ces deux princes sont les Alexandre de leur siècle. 31. Voltaire a dit que ceux qui ont écrit l'histoire en France et en Espagne n'étaient pas des Tacites. 32. Les négociant mettent leur argent dans des coffre-fort. 33. Aimez-vous les pomme-de-terres? 34. Tirez les verrou. 35. Vos neveu vous donneront des joujou. 36. Ce sont des fou. 37. J'ai fait faire deux passe-partout. 38. Les Corneille et les Racine seront toujours rares. 39. J'ai mal aux dents. 40. Cela se passait du temps des Bossuets et des Massillons.

Chapitre II. — *De l'Adjectif qualificatif.*

Formation du féminin dans les adjectifs.

13. Règle générale. Le Féminin dans les adjectifs se forme en ajoutant un *e muet* à la fin du mot : *il est* joli, *elle est* jolie.

14. *Exception.* Si l'adjectif se termine au masculin par un *e muet,* on n'ajoute rien au féminin : *il est* aimable, *elle est* aimable.

Nota. Il y a beaucoup d'autres exceptions, l'usage les apprendra.

FORMATION DU PLURIEL DANS LES ADJECTIFS.

15. RÈGLE GÉNÉRALE. Le Pluriel dans les adjectifs se forme en ajoutant la lettre *s* à la fin du mot : *il est* BON, *ils sont* BONS.

16. — 1re *exception*. Les adjectifs terminés au singulier par *s* ou par *x*, n'ajoutent rien au pluriel : *un œuf* FRAIS, *des œufs* FRAIS; *un homme* HEUREUX, *des hommes* HEUREUX.

17. — 2e *exception*. Les adjectifs en *au* prennent *x* au pluriel : *le* BEAU *livre*, *les* BEAUX *livres*.

Nota. Il y a beaucoup d'autres exceptions, l'usage les apprendra.

18. — 1re *remarque*. Les adjectifs *fou*, *mou*, *bleu*, prennent *s* au pluriel, (d'après la règle générale) : *ils sont* FOUS, MOUS, BLEUS.

19. — 2e *remarque*. Les adjectifs en *ant* et en *ent* doivent conserver le *t* au pluriel : *il est* CHARMANT, *ils sont* CHARMANTS. — (Académie.)

ACCORD DE L'ADJECTIF AVEC LE SUBSTANTIF.

20. L'adjectif s'accorde en genre et en nombre avec le substantif ou pronom auquel il se rapporte : *Ces hommes sont* POLIS, *ces femmes sont* POLIES, *elles sont* VRAIES.

21. Quand un adjectif se rapporte à plusieurs substantifs singuliers, il se met au pluriel, parce que plusieurs singuliers valent un pluriel : *mon frère et mon cousin sont* AIMABLES.

22. Quand un adjectif se rapporte à plusieurs substantifs de différents genres, il se met au masculin (et au pluriel) : mon *frère* et ma *sœur* sont CONTENTS.

DES ADJECTIFS NU, DEMI, ETC.

23. Les adjectifs *nu*, *demi*, et les participes *excepté*, *supposé*, sont invariables quand ils sont placés avant le substantif : *il est* NU-*pieds*, *une* DEMI-*heure*, EXCEPTÉ *vos sœurs*, SUPPOSÉ *ces faits*.

24. Ces mêmes mots placés après le substantif s'accordent en genre et en nombre avec ce substantif : *il a les*

pieds NUS, *une heure et* DEMIE, *vos sœurs* EXCEPTÉES, *ces faits* SUPPOSÉS.

25. *Nota.* L'adjectif DEMI placé après le substantif ne s'accorde qu'en *genre;* il reste au singulier, parce qu'il n'exprime qu'une demie : *deux douzaines et* DEMIE (c'est-à-dire : *deux douzaines et* UNE SEULE DEMIE).

26. Quand le mot *demi* est employé comme substantif, il peut prendre la marque du pluriel : *cette horloge sonne* LES DEMIES.

DES ADJECTIFS DEVENANT ADVERBES.

27. Quand un adjectif qualifie un verbe, il cesse d'être adjectif et devient adverbe; par conséquent il est invariable : *ces œillets sentent* BON, *ces étoffes coûtent* CHER.

DES MOTS PRÊT ET PRÈS.

28. Ne confondez pas *prêt* avec *près.*

Prêt est un adjectif qui signifie tantôt *préparé* et tantôt *disposé : nous partirons quand vous voudrez, nous sommes* PRÊTS. — *Ils sont* PRÊTS *à vous obéir.*

29. *Près* est une préposition qui signifie *sur le point;* ou un adverbe qui signifie *proche : les beaux jours sont* PRÈS *de revenir.* — *Il demeure ici* PRÈS.

DES MOTS BÉNIT ET BÉNI.

30. *Bénit* s'écrit avec un *t,* quand il signifie *béni par l'Eglise,* et qu'il est employé *sans auxiliaire : du pain* BÉNIT, *des drapeaux* BÉNITS.

31. Quand ces deux circonstances ne sont pas réunies (c'est-à-dire quand *béni* ne signifie pas béni par l'Eglise, et quand il a un auxiliaire), *béni* s'écrit sans *t : un peuple* BÉNI *de Dieu, on a* BÉNI *le pain.*

EXERCICE D'ORTHOGRAPHE SUR L'ADJECTIF QUALIFICATIF.

(L'Elève fera cet Exercice comme il a déjà été dit, ci-devant, page 58).

1. Ces fruits sont excellent. 2. Ma plume est usé. 3. L'eau et le feu sont opposés. 4. Il faut prendre ce remède toutes les demies-heures. 5. Il est trois heures et demi. 6. Ces pauvre enfants avaient les pieds nus.

7. Les tulipes sont des fleurs charmante. 8. Les palmiers sont de grand arbres. 9. Mon habit et mon gilet sont neuf. 10. Cette horloge sonne les heures et les demie. 11. Nous irons tous à la campagne, exceptée votre sœur. 12. J'ai acheté deux douzaines et demies de pêches. 13. Votre sœur a les yeux bleu et les cheveux blond. 14. Vos frères sont bien jeune et bien fou. 15. Voici des rameaux bénis. 16. Nous étions nu-jambes. 17. Le loup et la louve sont carnassières. 18. Vos frères excepté, tous ces jeune gens se sont conduits comme de véritable étourdis. 19. Ces fruits sont trop mou. 20. Prenez le pain béni. 21. On a béni le pain. 22. Supposé ces faits vrai, voici la conduite qu'on doit tenir. 23. Les beaux jours sont prêts de revenir. 24. Ces héliotropes sentent bons. 25. Il a une force et une adresse extraordinaire. 26. J'entends sonner les heures et non les demie. 27. On ne connaît l'importance d'une action que quand on est prêt de l'exécuter. 28. Elle demeure ici tout près. 29. Je vais revenir, tenez-vous prêt, mes amis. 30. Ils avaient les bras nu. 31. Cette maison me coûte chère. 32. Elle voit très-clair. 33. L'eau a été bénie devant moi. 34. Ce sont des fruits nouveau, ils sont très-beau. 35. Ils sont près à partir. 36. Cette demoiselle est toujours prête à danser. 37. Ils sont restés courts, ils ne savaient que répondre. 38. Ce sont des enfants charmant. 39. Votre cousine est prêt à partir. 40. Ces comptes sont juste. 41. Ces demoiselles chantent juste. 42. Ils étaient bien aise de me voir. 43. Ces livres sont pire que les autres. 44. Je les crois dupes de cet homme. 45. Ce sont des nouvelles qui sont vrai.

CHAPITRE III. — *Des Adjectifs numéraux, possessifs, démonstratifs, et indéfinis.*

32. Les adjectifs numéraux *vingt* et *cent* se mettent au pluriel quand il s'agit de plusieurs vingtaines et de plusieurs centaines : *quatre*-VINGTS *francs*. — *Quatre* CENTS *francs*.

33. — 1re *exception*. Quand *vingt* et *cent* sont suivis d'un autre adjectif numéral, ils ne prennent pas la marque du pluriel (lors même qu'il s'agit de plusieurs fois *vingt* et de plusieurs fois *cent*) : *quatre*-VINGT-*cinq francs*. — *Quatre* CENT *cinquante francs*.

34. — 2e *exception*. Quand *vingt* et *cent* sont em-

ployés pour *vingtième* et *centième*, ils ne prennent pas la marque du pluriel : *page quatre*-VINGT (c'est-à-dire *page quatre*-VINGTIÈME). — *Numéro quatre* CENT (c'est-à-dire *numéro quatre* CENTIÈME).

35. On écrit *mil* pour la date des années, quand ce mot se trouve au commencement du nombre qui exprime la date (c'est une abréviation de *mille*) : *l'an* MIL *huit cent quarante-deux*.

36. Partout ailleurs on écrit *mille* qui est invariable : *dix* MILLE *francs*. *L'an deux* MILLE *avant Jésus-Christ*.

37. Quand *mille* est substantif, signifiant une mesure de chemin, il peut prendre la marque du pluriel : *trois* MILLES *d'Angleterre font un peu plus d'une lieue de France*.

38. L'adjectif numéral *quatre* ne prend jamais la marque du pluriel : *Les* QUATRE *francs que je vous dois*.

Nota. Il en est de même de *cinq, sept, huit, trente, quarante*, etc. — En un mot, il n'y a que les adjectifs numéraux *vingt* et *cent* qui puissent prendre la marque du pluriel.

39. *Ses* s'écrit avec une *s*, quand il peut se changer en *de lui, d'elle*, ou *de soi*. (*Ses* est un *adjectif possessif*) : *un père aime* SES *enfants* (c'est-à-dire les enfants *de lui*). *Une fille doit chérir* SES *parents* (c'est-à-dire les parents *d'elle*). *On doit respecter* SES *supérieurs* (c'est-à-dire les supérieurs *de soi*).

40. *Ces* s'écrit avec un *c*, quand il ne peut pas éprouver ces changements. (*Ces* est un *adj. démonstratif*) : *avez-vous visité* CES *lieux?* (on ne peut pas dire : les lieux *de lui*).

41. *Même* placé avant ou après un seul substantif (ou pronom) est *adjectif;* et par conséquent, il s'accorde avec ce substantif (ou pronom) :

Vous faites toujours les *mêmes* fautes.
Les Egyptiens adoraient les plantes *mêmes*.
Ils viendront eux-*mêmes*.

42. *Même* placé après plusieurs substantifs, ou joint à un verbe pour le modifier, est *adverbe*, et par conséquent *invariable :*

Les Egyptiens adoraient les animaux, les plantes *même*.
Nous voudrions *même* y aller.

43. *Quelque* joint à un substantif est *adjectif*, et conséquemment il s'accorde avec ce substantif :

> *Quelques* talents que vous ayez......

44. *Quelque* joint à un adjectif, à un participe, ou à un adverbe, est *adverbe ;* et conséquemment reste *invariable :*

> QUELQUE *grands* que soient vos talents........
> QUELQUE *étonnés* que nous paraissions.........
> QUELQUE *adroitement* que ces hommes fassent cela. ..

Nota. *Quelque* joint à un adjectif suivi immédiatement de son substantif, est *adjectif,* et s'accorde avec ce substantif :

> QUELQUES *grands talents* que vous ayez.......

45. *Quelque* devant un verbe, ou devant un pronom suivi d'un verbe, s'écrit en deux mots (*quel que*), et le premier mot (*quel*) varie, il s'accorde en genre et nombre avec le sujet du verbe :

> QUELS que *soient* vos talents......
> Vos talents QUELS qu'*ils soient*......
> Je veux avoir ces livres, QUEL qu'*en soit* le prix.

46. *Tout* se rapportant à un substantif ou à un pronom, est *adjectif,* et par conséquent il s'accorde en genre et en nombre avec ce substantif ou pronom : *Tous* mes amis, *tous* ceux que je connais, vos frères sont *tous* pleins d'esprit (c'est-à-dire *tous* vos frères sont pleins d'esprit).

47. *Tout* joint à un adjectif qualificatif, à un participe, ou à un adverbe, est *adverbe* ou *conjonction*, et par conséquent *invariable*. (Dans ce cas, *tout* signifie *entièrement* ou *quoique*) :

> Ces vins-là veulent être bus *tout* purs (c.-à-d. *entièrement* purs).
> Ils étaient *tout* étonnés (c.-à-d. *entièrement* étonnés).
> Elles écrivent *tout* couramment (c.-à-d. *entièrement* couramment).
> Je l'aime, *tout* ingrate qu'elle est (c.-à-d. *quoique* ingrate).
> Ils avancèrent cependant, *tout* effrayés qu'ils étaient (c.-à-d. *quoique* effrayés).
> Je ne l'admirai pas, *tout* élégamment qu'elle était vêtue (c.-à-d. *quoique* élégamment vêtue).

48. *Exception.* *Tout* quoique adverbe ou conjonction varie par *euphonie,* c.-à-d. pour plaire à l'oreille, quand

l'adjectif ou le participe est féminin et commence par une consonne :

De l'eau-de-vie *toute* pure.
J'ai les mains *toutes* déchirées.
Je ne l'aime pas, *toute* belle qu'elle est.
Elles ne reculèrent pas, *toutes* surprises qu'elles étaient.

EXERCICE D'ORTHOGRAPHE

SUR LES ADJECTIFS NUMÉRAUX, POSSESSIFS, DÉMONSTRATIFS, ET INDÉFINIS.

(L'Elève fera cet Exercice comme il a déjà été dit, ci-devant, page 58).

1. Je lui dois cinq cent francs, quatre-vingt-dix centimes. 2. Voyez ses mots à la page quatre-vingts. 3. L'an mil huit cents. 4. Cette armée est composée de vingts milles hommes. 5. Cela s'est passé l'an trois mille avant Jésus-Christ. 6. Nous avons fait trois mille dans une demi-heure. 7. Ils sont deux cents dans cette salle. 8. On n'use point de ses façons là avec ces amis. 9. Vous parlez de ces hommes là avec mépris. 10. Prenez les quatre francs qu'il vous doit. 11. Cet homme fait un bon usage de ses biens. 12. Allez jusqu'au numéro deux cent. 13. Les cents francs que je vous donnerai suffiront-ils? 14. L'année mil sept cents quatre-vingt. 15. Les trentes hommes qui sont ici. 16. Ecrivez ces lettres. 17. Chacun a ces défauts. 18. Les hommes, les animaux, les plantes mêmes sont sensibles aux bienfaits. 19. Nous n'irons pas à la campagne, nous n'avons pas même envie d'y aller. 20. Les scélérats même condamnent les vices des autres. 21. Vos malheurs mêmes ne peuvent vous garantir de mon indignation. 22. Nous avons tous deux les mêmes droits. 23. Nous ferons ces démarches nous-mêmes. 24. Ce sont toujours les mêmes hommes. 25. Vos frères, vos sœurs mêmes quoique plus instruites, ont fait les même fautes. 26. Poursuivons les méchants, leurs cendres même. 27. Quelques hommes pensent ainsi. 28. Il y a quelque belles maisons dans cette ville. 29. Quelque grands que soient ses torts, je lui pardonne. 30. Quelques avantages que la nature nous donne, nous devons être modestes. 31. Quelques grandes que soient vos richesses, vous ne devez pas être orgueilleux de les posséder. 32. Quelque soient vos biens, n'en abusez pas. 33. Les hommes quel qu'ils soient sont égaux devant Dieu.

34. Quelques adroitement que ces ouvriers fassent cela, ils ne réussiront pas. 35. On estime peu les égoïstes, quelque bonnes qualités qu'ils aient d'ailleurs. 36. J'ai lu quelques bons ouvrages. 37. Quelques soient vos défauts, vous pouvez vous en corriger. 38. Votre puissance quelqu'elle soit, ne vous donne pas le droit de mépriser les autres. 39. Faites entrer ces personnes, qu'elles qu'elles soient. 40. Nous sommes tous sujets à la mort. 41. Voici plusieurs gravures, prenez toute celles que vous voudrez. 42. Je vous serai dévoué dans toutes les circonstances. 43. La compagnie était toute émue. 44. Ces modes sont toute nouvelles. 45. Ces dames toutes belles qu'elles sont ne me plaisent pas. 46. La société toute entière était contre lui. 47. J'ai les mains toutes emportées, toutes déchirées. 48. Elles étaient toutes étonnées de me voir. 49. Des femmes toute pénétrées de douleur. 50. Ils ne reculèrent pas, tous surpris qu'ils étaient. 51. Vos sœurs écrivent toutes couramment. 52. Elles avancèrent cependant, toutes effrayées qu'elles étaient.

CHAPITRE IV. — *Du Pronom.*

49. *Se* s'écrit avec une *s*, quand on peut le tourner par *soi* ou par *à soi*. (*Se* est un *pron. personnel*) : Il *se* flatte (c.-à-d. il flatte *soi*). Il *se* fera mal (c.-à-d. il fera mal *à soi*).

50. *Ce* s'écrit avec un *c*, quand il ne peut pas éprouver ces changements. (CE est un *adj. dém.* ou un *pron. dém.*) : *Ce* cheval est bon. *Ce* sera bien.

51. *Leur* joint à un verbe ne prend jamais *s*; il se décompose par *à eux*, *à elles*. (*Leur* est un *pron. pers.* dont le singulier est *lui*). Je *leur* parlerai (c.-à-d. je parlerai *à eux*, ou *à elles*).

52. *Leur* joint à un substantif pluriel, ou précédé des articles pluriels *les*, *des*, *aux*, prend *s*; (dans le premier cas, c'est un *adj. poss.*; dans le second, c'est un *pron. poss.*) : Ces orangers ont perdu toutes LEURS *feuilles*. Les hommes ont LEURS *défauts*, les femmes ont LES *leurs*. Ce domestique est un DES *leurs*. Donnez ces fruits à mes enfants et AUX *leurs*.

53. Lorsque le pronom *vous* est employé pour *tu*, l'adjectif qui s'y rapporte doit s'écrire au *singulier*, quoique le verbe soit au pluriel : Mon enfant, il faut que *vous* soyez SAGE.

54. Mais si *vous* sert à adresser la parole à plusieurs personnes, *l'adjectif* doit s'écrire au pluriel : Mes enfants, il faut que *vous* soyez SAGES.

55. *Nôtre, vôtre*, précédés d'un article, sont des *pronoms possessifs* et prennent un accent circonflexe sur *ô* :

Le nôtre, le vôtre.	Les nôtres, les vôtres.
Du nôtre, du vôtre.	Des nôtres, des vôtres.
Au nôtre, au vôtre.	Aux nôtres, aux vôtres.

56. *Notre, votre*, joints à un substantif sont des *adjectifs possessifs*, et ne prennent pas d'accent sur *o* : *Notre* ami. *Votre* père.

EXERCICE D'ORTHOGRAPHE SUR LE PRONOM.

(L'Elève fera cet Exercice comme il a déjà été dit, ci-devant, page 58).

1. Ce cheval est d'un grand prix. 2. Cet enfant ce tourmente bien inutilement. 3. Ce que vous dites est vrai. 4. Il ce croit fort habile. 5. Je leur parlerai. 6. Dites-leurs de venir me voir. 7. Ce domestique est un des leur. 8. Les gens sages conservent leurs amis, les fous perdent les leur. 9. Mon frère c'est blessé à la jambe, s'est très-malheureux. 10. C'est ma sœur qui s'est présentée chez vous. 11. Vous connaissez ces enfants, leurs père est sévère, leurs mère aussi. 12. Mes amis, vous n'êtes pas sage. 13. Il a pris ses livres et les vôtres. 14. Vôtre ami pense à ses affaires et aux notres. 15. Mon fils, vous êtes bien étourdi. 16. Nos parents sont ici, les leur sont absents. 17. Mon enfant, vous me paraissez malades. 18. Notre maison est louée, la votre est à vendre.

CHAPITRE V. — *Du Verbe*.

57. Quand deux verbes se suivent, le second se met au présent de l'infinitif : Je *veux* PARLER.

58. Si le 1er verbe est l'auxil. *avoir* ou l'auxil. *être*, le second se met au *participe passé* : J'*ai* PARLÉ. Je *suis* FLATTÉ.

59. Cependant si le verbe *être* signifie *aller*, le verbe qui le suit se met au *présent de l'infinitif* : J'ai *été* DÎNER chez lui (c.-à-d. je suis *allé* DÎNER chez lui).

60. Après une préposition, le verbe se met au *présent de l'infinitif* : Il apprend *à* CHANTER.

61. Le présent de l'infinitif est toujours *invariable* (il ne prend jamais *s*) : Je veux *les* DEMANDER (et non : *les demande*RS).

62. Le *futur de l'indicatif* et *le conditionnel présent* se prononcent à-peu-près de même à la 1re personne du singulier, mais l'orthographe en est différente : le futur s'écrit par *rai*, et le conditionnel par *rais;* il faut, pour distinguer ces deux temps, mettre le verbe au pluriel :

Je *sorti*RAI, s'il fait beau temps; (et au pluriel : *nous sortirons*, s'il fait beau temps. — C'est le *futur*).
Je *sorti*RAIS, s'il faisait beau temps; (et au plur. : *nous sortirions*, s'il faisait beau temps. — C'est le *condit.*).

63. L'*imparfait de l'indicatif* et le *passé défini* des verbes de la 1re conjugaison ont à-peu-près la même prononciation à la 1re personne du singulier, mais l'orthographe en est différente : l'imparfait s'écrit par *ais* et le passé défini par *ai;* il faut, pour distinguer ces deux temps, mettre le verbe au pluriel :

Je *donn*AI hier un bal; (et au plur. : nous *donnâmes* hier un bal. — C'est le *passé défini*).
Autrefois je *donn*AIS des bals; (et au plur. : autrefois nous *donnions* des bals. — C'est l'*imparfait*).

64. Le passé défini et l'imparfait du subj. se prononcent de même à la 3e personne du singulier, mais l'orthographe en est différente : Le passé défini de la 1re conjugaison s'écrit par *a*, et l'imparfait du subjonctif par *ât;* le passé défini des 3 dernières conjugaisons s'écrit par *it, ut, int*, et l'imparfait du subjonctif, par *ît, ût, înt* (avec un accent circonflexe); il faut, pour distinguer ces deux temps, mettre le verbe au pluriel :

Je crois qu'il *donna* tout; (et au plur. : je crois qu'ils *donnèrent* tout. — C'est le *passé défini*).
Je ne croyais pas qu'il *donnât* tout; (et au plur. : je ne croyais pas qu'ils *donnassent* tout. — C'est l'*imparf. du subjonctif*).
Je crois qu'il *vint* tard; (et au plur. : je crois qu'ils *vinrent* tard. — C'est le *passé défini*).
Je craignais qu'il ne *vînt* pas; (et au plur. : je craignais qu'ils ne *vinssent* pas. — C'est l'*imparf. du subj.*)

65. Le présent de l'indicatif des verbes en *gner*, *iller*, *yer*, et *ier*, a la même prononciation que l'imparfait de l'indicatif et le présent du subjonctif, à la 1re et à la 2e personne du pluriel, mais l'orthographe en est différente. Il ne faut

pas oublier que le présent de l'indic. se forme du participe présent en changeant *ant* en *ons, ez;* et que l'imparf. de l'indic., ainsi que le présent du subjonctif se forme aussi du participe présent, mais en changeant *ant* en *ions, iez.* — Pour distinguer ces 3 temps, mettez le verbe *faire* à la place du verbe qui embarrasse :

Nous *gagnons* peu maintenant; (et avec le verbe *faire :* nous *faisons* peu de gain maintenant. — C'est le *présent de l'indicatif*).

Nous *gagnions* davantage autrefois ; (et avec le verbe *faire :* nous *faisions* plus de gain autrefois. — C'est l'*imparf. de l'indic.*).

Il faut que nous *gagnions* davantage; (et avec le verbe *faire :* il faut que nous *fassions* plus de gain. — C'est le *présent du subjonctif*).

ACCORD DU VERBE AVEC SON SUJET.

66. Le verbe s'accorde en nombre et en personne avec son nominatif ou sujet. (Le sujet se trouve en mettant *qui?* devant le verbe) : cet *enfant* TRAVAILLE. Ces *enfants* TRAVAILLENT. *Tu* TRAVAILLES.

67. Quand un verbe a plusieurs sujets singuliers, il se met au pluriel, (parce que plusieurs singuliers valent un pluriel) :

Mon *frère* et ma *sœur* PARLENT bien.

68. Si les sujets sont de différentes personnes, le verbe s'accorde avec la personne qui a la priorité, et se met au pluriel. (La 1re personne a la priorité sur les deux autres, et la 2e personne a la priorité sur la troisième) :

Vous et MOI PARTIRONS demain.
TOI et *lui* PARTIREZ ce soir.

69. Le pronom relatif *qui* prend le nombre et la personne de son antécédent, et les communique au verbe : *moi* qui PARLE, *toi* qui PARLES, *eux* qui PARLENT, ô *vertu* qui m'ANIMES !

70. Le verbe *être* précédé de *ce* ne se met au pluriel que lorsqu'il est suivi d'une 3e personne du pluriel (substantif ou pronom) sans préposition : c'ÉTAIENT *mes frères.* C'ÉTAIENT *eux.*

Mais on écrira : *c'était* nous, *c'était* vous (au singulier), parce que *nous* et *vous* ne sont pas des 3es personnes du pluriel.

Nota. Quoique deux singuliers vaillent un pluriel, le verbe *être* reste cependant au singulier dans les phrases analogues à la suivante : C'ÉTAIT *mon frère* et *ma sœur,* (parce que *frère* et *sœur* ne sont pas des 3es personnes du pluriel).

DES SUBSTANTIFS COLLECTIFS.

71. On appelle *substantif collectif* celui qui, quoique au singulier, présente à l'esprit l'idée de plusieurs personnes ou de plusieurs choses de même espèce, formant par conséquent une *collection :* une *armée,* un *peuple,* une *douzaine,* la *plupart,* etc.

Il y a deux espèces de collectifs : le collectif *général* et le collectif *partitif.* — Le collectif général est celui qui exprime une collection totale, entière, *générale :* une *armée,* un *peuple,* une *forêt,* une *flotte,* etc. — Le collectif partitif est celui qui exprime une collection partielle, c'est-à-dire faisant *partie* d'un plus grand nombre : la *plupart,* une *infinité,* une *douzaine,* une *centaine,* etc.

72. Le *collectif général* gouverne toujours dans la phrase, c'est-à-dire que le verbe, l'adjectif, etc., s'accordent toujours avec le collectif général :

Le *peuple* des villages voisins ÉTAIT PRÉSENT à ce spectacle.

73. Le *collectif partitif* ne gouverne pas, c'est le substantif qui suit :

La plupart des *enfants* ne PENSENT guère.

74. Lorsque les collectifs partitifs *la plupart, une infinité,* et les adverbes de quantité *peu, beaucoup,* ne sont suivis d'aucun substantif, il faut en supposer un; et ce substantif, qui est *toujours pluriel,* gouverne dans la phrase (d'après la règle précédente) :

La *plupart* PENSENT comme moi (c.-à-d. la plupart des *personnes* PENSENT comme moi).
Une *infinité* le CROIENT.
Peu le SAVAIENT.
Beaucoup l'IGNORAIENT.

EXERCICE D'ORTHOGRAPHE SUR LE VERBE.

(L'Elève fera cet Exercice comme il a déjà été dit, ci-devant, page 58).

1. Je voudrais travailler. 2. Puis-je vous parlé? 3. J'ai beaucoup travaillé aujourd'hui. 4. Vous serez blâmer si vous vous conduisez mal. 5. Il faudrait les rendre.

6. Nous avons été dîné ensemble. 7. Je n'ose pas les demanders. 8. Tout le monde a été admirer ce tableau. 9. J'écrirais si j'en ai le temps. 10. Je voudrais sortir d'ici. 11. Je parlerai si je l'osais. 12. J'aurais terminé mon travail dans deux heures. 13. Il y a un an que cet homme fut très-malade. 14. Il faudrait que cet enfant fut bien étourdi pour agir ainsi. 15. Autrefois je parlai la langue espagnole. 16. Hier je parlai de vous à votre père. 17. Il ne me donna rien. 18. J'aurais voulu qu'il me donna quelque chose pour ce malheureux. 19. Je me dirigeai hier chez lui quand je le rencontrai. 20. Vous plaignez son sort. 21. Je crois que vous le plaigniez trop. 22. Je ne crois pas que vous le plaignez assez. 23. Nous gagnons autrefois beaucoup plus qu'à présent. 24. Il croit que nous gagnons beaucoup. 25. Je souffrais hier quand j'arrivais de la campagne. 26. Je me propose d'allé lui parlé. 27. Je ne partirai que dans deux semaines.

28. Les hommes marchent. 29. Les poissons nage. 30. L'un et l'autre me paraissent fort bons. 31. C'est toi qui peut me rendre ce service. 32. Les leçons que me donnent mon maître ne sont pas faciles. 33. Voici les leçons qui me donnent le plus de peine. 34. Moi qui sais comment la chose s'est passée, je vais vous la racontez. 35. O vertu qui m'anime, inspire-moi. 36. C'est la vertu qui t'animes. 37. Je vous direz quelque chose que vous ignorez. 38. Que signifie ces mots? 39. J'ai vu une femme et un enfant qui se dirigeait de ce côté. 40. Qu'en pense votre père et votre mère? 41. Toi seul, mon ami, m'est resté fidèle. 42. Lui seul est toujours demeuré mon ami. 43. Ce n'est pas moi qui me fait prier. 44. Est-ce toi qui lui a parlé le premier? 45. C'était de braves gens. 46. Il croyait que c'était nous qui avions fait cela. 47. C'était eux qui ordonnait la cérémonie. 48. On pensait que c'étaient le père et le fils qui avait commis cette erreur. 49. La plupart le savait. 50. L'assemblée étaient partagée, la plupart voulaient que.... 51. Le peuple des villages voisins accouraient à cette fête. 52. Peu étaient restés en arrière. 53. Beaucoup aurait voulu y assister. 54. Une infinité d'élèves croit qu'on les fais trop travailler. 55. Un nombre infini de personnes parle mal. 56. Une foule d'enfants se portait vers ces lieux. 57. La flotte des Anglais était sortie du port. 58. Beaucoup l'ignoraient.

59. Le cerfeuil et la ciguë se ressemble à la première vue. 60. Il faut que nous étudions avec constance.

61. Nous étudions chaque jour pendant deux heures. 62. Nous étudions nos leçons quand vous êtes entré. 63. Il ne veut pas que vous riez. 64. C'est que vous riez trop fort. 65. Vous orthographiez mieux il y a deux ans. 66. Vous et moi iront chez le Préfet. 67. Toi et moi lui parleront de cette affaire. 68. Toi et lui irez séparément lui rendre visite. 69. Nous croyons que vous ne viendriez pas. 70. Il est absolument nécessaire que vous vous justifiez. 71. Vous travaillez peu. 72. Vous travaillez plus autrefois. 73. Je ne pense pas que vous travaillez assez. 74. Il assure que vous ne travaillez pas du tout. 75. Vous travaillez quand il entra. 76. Il ne croit pas que vous travaillez autant. 77. C'étaient vous, Messieurs, qui troubliez l'ordre. 78. Ils ont été chassés de cette maison. 79. Ils ont été chassés toute la journée. 80. Il ne voit pas que vous riiez. 81. Toi et ta sœur viendront dîner avec moi aujourd'hui.

Chapitre V. — *Du Participe présent.*

75. Le *Participe présent* est toujours *invariable*. Exemple : *Cette femme est douce, affable,* PRÉVENANT *tout le monde*.

76. Cependant on dit : *Une femme* PRÉVENANTE, en faisant varier le mot *prévenant;* mais alors ce n'est pas un Participe présent, c'est un *adjectif verbal,* c'est-à-dire un *adjectif qui vient d'un verbe*.

77. Si le mot terminé par *ant* est un *Participe présent,* il est INVARIABLE; si c'est un *adjectif verbal,* il VARIE, il prend le genre et le nombre du substantif ou pronom auquel il se rapporte. La difficulté est donc de distinguer le *Participe présent* de *l'adjectif verbal*.

78. On reconnaît à 3 circonstances principales que le mot en *ant* est un *participe présent :*

I° Quand il est précédé de la préposition *en :*
Elles ont pleuré *en* PARTANT.

II° Quand il a un *régime direct :*
Une mère CARESSANT *ses enfants*.

III° Quand il est accompagné d'une circonstance de *lieu*, de *temps*, ou de *quelque mot explicatif :*
Des fleurs NAISSANT *au milieu des ronces*. — (Lieu.)
Des fleurs NAISSANT *dans l'hiver*. — (Temps.)
Des fleurs NAISSANT *sans culture*. — (Explication.)

79. Hors de là, le mot en *ant* est généralement un *adjectif verbal* :

Voilà des fleurs *naissantes.*

EXERCICE D'ORTHOGRAPHE SUR LE PARTICIPE PRÉSENT.

(L'Elève fera cet Exercice comme il a déjà été dit, ci-devant, page 58).

1. Elles sont tombées en courant. 2. Ces hommes prévoyant le danger qui les menaçait se mirent sur leurs gardes. 3. Les jeunes gens se forment l'esprit en lisant de bons livres. 4. Cette femme est très-obligeant. 5. J'ai vu cette mère caressant ses enfants. 6. Ce sont des hommes prévoyant. 7. Elles rient toujours en parlant. 8. Cette femme est d'un bon caractère, obligeant tout le monde quand elle le peut. 9. Je vis des serpents rampant autour de moi. 10. Je les ai vus mourant au champ d'honneur, mourant de la mort des braves. 11. Je les ai trouvés mourant. 12. Nous entendîmes les bombes éclatant avec un horrible fracas. 13. Ce sont des animaux rampant. 14. Des couleurs éclatant. 15. Il voit ses deux fils expirant par son ordre. 16. J'ai vu cette femme dans sa jeunesse, brillant dans la société. 17. Ce sont des hommes brillant. 18. Il produit des effets surprenant. 19. Ce sont des effets surprenant les ignorants. 20. Ce sont des esprits bas et rampant. 21. Ces livres amusant beaucoup mes filles, j'ai l'intention de les leur acheter. 22. Ce sont des livres amusant. 23. On apercevait des chiens courant dans la prairie. 24. C'étaient des chiens courant. 25. Il y a des esprits contrariant. 26. Ce sont des personnes contrariant sans cesse. 27. Voilà des portraits parlant. 28. Vous avez des enfants intéressant. 29. Ce sont des gens parlant continuellement. 30. On n'aime pas les petites filles babillant toujours. 31. On les trouve jouant sans cesse. 32. Des animaux errant. 33. Des agneaux bêlant. 34. Des chevreaux bondissant. 35. Des eaux coulant en abondance. 36. Des eaux courant dans un bassin. 37. Ce sont des eaux courant. 38. Ce ne sont pas des eaux dormant. 39. Nous entendions la pluie tombant par torrents. 40. Des enfants naissant.

Chapitre VII. — *Du Participe passé.*

80.—1re Règle. Le participe passé joint à l'auxiliaire *être* s'accorde en genre et en nombre avec son nominatif ou sujet. (Le sujet se trouve en mettant *qui?* devant le verbe; la réponse indique le sujet) :

Ma sœur *est* AIMÉE.

81. — 2e Règle. Le participe passé joint à l'auxiliaire *avoir* s'accorde en genre et en nombre avec son régime direct, si ce régime est avant. (Le régime direct se trouve en mettant *qui?* ou *quoi?* après le verbe; la réponse indique le régime direct) :

Notre *sœur* que nous avons AIMÉE......

82. Hors ces deux cas, c'est-à-dire si le participe passé n'est pas joint à l'auxil. *être,* et s'il n'est pas précédé de son *régime direct,* il est invariable :

Nous *avons* DÎNÉ.
Nous avons AIMÉ *notre sœur.*

AINSI,

83. Quand on rencontre un *participe passé* dans une phrase, comment peut-on savoir s'il doit varier?

Il faut se faire les deux questions suivantes :

1re *question :* Le part. passé est-il joint à l'auxil. *être?*

Oui. = Accord avec le nominatif ou sujet.
Non. = Passez à l'autre question.

2e *question :* Le part. est-il précédé de son *régime direct?*

Oui. = Accord avec le régime direct.
Non. = Laissez le participe *invariable.*

NOTE IMPORTANTE.

84. Avant de chercher le régime direct, il faut avoir la précaution : 1° de trouver le sujet; et 2° de ne joindre à ce sujet aucun mot qui lui soit étranger, sans quoi on s'exposerait à de graves méprises.

Exemple

pour prouver la nécessité de commencer par trouver le sujet :

Voilà les peines que ma causées cet évènement.

Si pour reconnaître le régime direct du verbe *a causées,* on disait, sans aucune précaution : *Voilà les peines que m'a causées* QUOI? on répondrait : *Cet évènement*. On croirait avoir le rég. direct du verbe *a causées*, et point du tout, on en aurait le sujet. Il faut donc commencer par chercher le sujet, et dire : QUI *a causé?* Réponse : *Cet évènement;* voilà le sujet. — Puis ensuite on cherche le régime direct en disant : *Cet évènement a causé* QUOI? Réponse : *Les peines;* voilà le régime direct.

85. EXEMPLE

pour prouver la nécessité de n'ajouter au sujet aucun mot qui lui soit étranger :

Quant à ces dames, je les ai crues vos parentes.

Si pour trouver le régime direct du verbe *ai crues*, on disait : *Je les ai crues* QUOI? on répondrait *vos parentes*. On croirait avoir le régime direct du verbe *ai crues*, mais on se tromperait, car la question est mal faite; elle renferme le mot même de la réponse, qui est le pronom *les* (signifiant *elles, ces dames*). Il faut donc dire, en énonçant le sujet, et *rien que le sujet : J'ai cru* QUOI? Réponse : *Les*, (*elles, ces dames*); voilà le *régime direct*.

Nota. Le substantif *parentes* est le qualificatif du pronom *les* (signifiant *ces dames*), parce que les deux substantifs (*dames* et *parentes*) se réunissent dans notre esprit pour ne former qu'une seule et même idée : les deux mots s'identifient.

86. Toutes les difficultés des Participes peuvent se résoudre au moyen des deux règles énoncées dans les nos 80 et 81; car *le participe passé ne peut s'accorder qu'avec son sujet ou avec son régime direct*.

EXERCICE D'ORTHOGRAPHE SUR LE PARTICIPE PASSÉ.

(L'Elève fera cet Exercice comme il a déjà été dit, ci-devant, page 58).

1. Que sont devenu vos sœurs? 2. Les histoires qu'il nous a raconté nous ont vivement intéressé. 3. Quels livres avez-vous lu? 4. Dans quels ouvrages avez-vous étudié? 5. Ils ont été aperçu de loin. 6. Nous les avons vu. 7. Ces demoiselles ont très-bien chanté, on les a beaucoup applaudi. 8. Adam et Eve que Dieu avait créé innocents, furent placé dans le paradis terrestre. 9. L'incendie a duré cinq heures, et a dévoré deux maisons. 10. Elles ont souvent pensé à vous. 11. Quand sont-elles arrivé? 12. Je ne

sais guère les leçons que m'a donné mon maître. 13. Voilà les cadeaux que m'a fait votre tante. 14. Nous avons dîné à six heures, et nous sommes sorti de table fort tard. 15. Quant à ces Messieurs, je les ai cru vos amis. 16. Quant à ces dames, je les avais jugé plus instruites. 17. Ces hommes ont été jugé coupables, on les a condamné. 18. Ce domestique a été renvoyé. 19. Qu'est devenu cette jeune personne? 20. Voilà la route que j'ai résolu de suivre. 21. Telles sont les démarches que j'ai jugé bon de faire. 22. Les embarras que nous avons su que vous aviez, nous ont empêché d'aller vous voir. 23. Voilà les ouvrages que j'ai conseillé à votre frère de lire avec soin. 24. Voilà les lettres que votre mère a bien voulu m'écrire. 25. Ce sont des précautions que je les ai engagé à prendre. 26. Cela a exigé beaucoup de soins. 27. Nous avons été étonné de tous les soins que cela a exigé. 28. Ce sont des femmes que j'ai beaucoup plaint. 29. Elles ont été plaint de tout le monde; quant à moi, je les ai trouvé fort à plaindre, et je les ai beaucoup plaint.

30. Ainsi fut terminé cette guerre sanglante. 31. Toi seule, ma fille, m'es resté fidèle. 32. Qu'est-elle venu faire ici? 33. Cette affaire a donné beaucoup de peines. 34. Voilà les peines que cela a donné. 35. Vous devez juger par toutes les inquiétudes que m'a causé votre maladie, combien j'ai de joie de votre guérison. 36. Les romances que m'a chanté cette demoiselle m'ont paru fort jolies. 37. Les remontrances que m'a fait mon père sont très-justes. 38. L'inhumanité de cette femme l'a rendu horrible à mes yeux. 39. Nous avons cultivé nos champs. 40. C'est une chose que j'ai cru que vous saviez. 41. Les raisons que vous avez cru que j'approuvais sont mauvaises. 42. Les soldats qu'on a contraint de marcher sont arrivé exténués de fatigues. 43. La leçon que j'ai eu à étudier m'a empêché de sortir. 44. Voici les devoirs que j'ai donné à corriger. 45. Les deux volumes que j'ai porté à relier ne seront prêts que dans une semaine. 46. Les mesures que vous m'avez conseillé de prendre sont prudentes 47. J'ai écrit à mes parents, voici la réponse que j'en ai obtenu. 48. Ils ont vendu leurs livres, la valeur qu'ils en ont reçu est modique. 49. Ma sœur est toujours la même que je l'ai connu. 50. Ces dames sont toujours les mêmes que je les ai connu. 51. Voici la lettre que votre neveu n'a pu vous faire parvenir plus tôt. 52. Cette personne est celle que j'aurais desiré faire entrer au spectacle.

53. Les affaires que j'aurais voulu entendre plaider ont été remises à quinzaine.

Chapitre VIII. — *De l'Adverbe.*

87. L'*Adverbe* est un mot *invariable*, c'est-à-dire qui ne prend ni genre ni nombre : Ils étaient *ensemble* (et non : *ensembles*).

Cependant on écrit : *jamais, toujours, ailleurs, dedans*, et quelques autres adverbes, avec une *s* finale ; mais cette lettre n'est pas la marque du pluriel, elle est exigée par l'*Orthographe d'usage*.

88. *Plus tôt* signifiant le contraire de *plus tard*, s'écrit en deux mots : Il arrivera *plus tôt* que moi.

Plutôt signifiant *préférablement*, s'écrit en un seul mot : *Plutôt* mourir que de se déshonorer.

89. *Là* s'écrit avec un accent grave, quand il est adverbe : Que faites-vous *là ?* Prenez celui-*là*.

La s'écrit sans accent, quand il est *article* ou *pronom personnel : La* terre est ronde. Je *la* regarde.

90. *Où* s'écrit avec un accent grave sur l'*ù*, quand il est *adverbe* ou *pronom relatif : Où* allez-vous ? Voici la maison *où* il loge.

Ou s'écrit sans accent, quand il est *conjonction* (il signifie *ou bien*) : Je veux l'un *ou* l'autre (c'est-à-dire je veux l'un *ou bien* l'autre).

91. Les adverbes *autrefois, quelquefois, toutefois*, s'écrivent en un seul mot :

Autrefois je travaillais beaucoup.
Je vais *quelquefois* me promener.
Venez avec moi, si *toutefois* cela ne vous dérange pas.

92. *Davantage* s'écrit en un seul mot, quand il est adverbe ; il signifie *plus :* Travaillez *davantage*.

Partout ailleurs *d'avantage* s'écrit en deux mots, et peut prendre la marque du pluriel (parce qu'il est substantif) : Il a beaucoup *d'avantages* sur moi.

93. L'adverbe *alentour* s'écrit en un seul ou en trois mots (*à l' entour*) :

On bâtit ici *alentour*.
Il tournait *à l'entour*.

94. Presque tous les adjectifs terminés en *ant* et en *ent* forment des adverbes en changeant *nt* en *mment* :

Constant. = *Constamment.*
Prudent. = *Prudemment.*

Remarquez que le premier adverbe s'écrit avec un *a*, à cause de son adjectif *constant;* le second s'écrit avec un *e*, à cause de son adjectif *prudent.*

EXERCICE D'ORTHOGRAPHE SUR L'ADVERBE.

(L'Elève fera cet Exercice comme il a déjà été dit, ci-devant, page 58).

1. Nous irons tous ensembles. 2. Ils sont arrivés plutôt que vous. 3. Il vient me voir quelques fois. 4. Asseyez-vous la. 5. Ou irez-vous demain? 6. Je les verrai ailleurs. 7. Vous ferez ce travail là pour moi, si toutes fois vous en avez le temps. 8. Etudiez d'avantage. 9. Il se conduit très-prudemment. 10. Les voleurs rôdaient ici à l'entour. 11. Il étudie constamment. 12. Voici ou il demeure. 13. Autrefois je voyais souvent ces Messieurs. 14. Je mourrai plus tôt que de le souffrir. 15. Il est venu le plûtôt qu'il a pu. 16. Votre frère a beaucoup davantage sur son concurrent. 17. Plus tôt la mort que l'esclavage. 18. Il vaut mieux qu'il arrive plus tôt que plus tard. 19. Je n'en veux pas savoir d'avantage. 20. Je vous aimerais bien davantage si vous étiez raisonnable. 21. Ils se placèrent à l'entour du bois. 22. Elles tournaient tout alentour. 23. Je prendrai celle-la, donnez-la-moi. 24. Prenez l'une où l'autre. 25. Elle s'exprime différemment. 26. Apparemment qu'elle n'aime pas la musique. 27. Il vient fréquemment. 28. Indépendamment de tous ces avantages, vous en aurez encore un autre. 29. Ces livres étaient pêles-mêles. 30. Ils étaient environs quinze réunis à l'entour de la table. 31. Il s'est conduit vaillamment. 32. Il parle éloquemment.

CHAPITRE IX. — *De la Conjonction.*

95. QUAND signifiant *lorsque* ou *dans quel temps*, s'écrit avec un D. (Dans le premier cas, c'est une *conjonction*; dans le second, c'est un *adverbe*) :

Quand vous viendrez, vous me ferez plaisir (c'est-à-dire *lorsque* vous viendrez, etc.)

Quand viendrez-vous? (c.-à-d. *dans quel temps* viendrez-vous?)

Quant signifiant *pour ce qui est de*, s'écrit avec un T, (c'est une *préposition*) :

Quant à moi, je partirai demain (c.-à-d. *pour ce qui est de* moi, je partirai demain).

96. Parce que signifiant *vu que* ou *attendu que*, s'écrit *en deux mots* :

Je ne peux pas sortir, *parce que* je suis malade (c.-à-d. *vu que* je suis malade, ou *attendu que* je suis malade).

Par ce que signifiant *par la chose que*, s'écrit *en trois mots :*

Par ce que je vois, je pense que vous réussirez (c.-à-d. *par la chose que* je vois, je pense que vous réussirez).

97. Quoique signifiant *bien que*, s'écrit en un seul mot; (*quoique* est une *conjonction*) :

Quoique peu riche, il est généreux (c.-à d. *bien que* peu riche, etc.)

Quoi que signifiant *quelque chose que*, s'écrit en deux mots; (*quoi que* est un *pronom indéfini*) :

Quoi que vous fassiez, vous ne réussirez pas (c.-à-d. *quelque chose que* vous fassiez, etc.)

EXERCICE D'ORTHOGRAPHE SUR LA CONJONCTION.

(L'Elève fera cet Exercice comme il a déjà été dit, ci-devant, page 58).

1. Venez quand vous voudrez. 2. Quant à vous, que savez-vous faire? 3. Quant a-t-il fait cela? 4. Je ne sais quand il viendra. 5. Quand à vos livres, j'ignore ce qu'ils sont devenus. 6. Quant à la fin elle m'aperçut, elle vint au devant de moi. 7. Quoiqu'il soit pauvre, il est honnête homme. 8. Quoique vous disiez, vous aurez toujours tort. 9. Quoique vous disiez cela, vous avez tort. 10. Quoiqu'il en soit, je suis décidé à exécuter mon projet. 11. Quoique vous fassiez ces démarches, vous ne réussirez pas. 12. Quoique vous fassiez, vous ne réussirez pas. 13. Quoique cela soit bon, n'en faites pas usage. 14. Quoique vous sachiez bien des choses, vous en ignorez encore davantage. 15. Quant à table il est assis, il a l'humeur agréable. 16. Parce que vous savez cela, vous vous croyez fort habile. 17. Parce que je sais, je pense qu'il réussira. 18. Je viens chez vous, parce que je vous suis utile. 19. Parce que j'entends là, je vous crois très-raisonnable.

20. Je sais cela, parce que je l'ai appris. 21. Parce que j'ai appris, je conclus qu'il a tort. 22. Vous voulez me juger parce que j'ignore, jugez-moi parce que je sais. 23. Vous me blâmez parce que j'ignore cela; applaudissez-moi au contraire, parce que je sais ceci.

CHAPITRE X. — *Quelques observations sur les Accents et autres Signes orthographiques.*

DES ACCENTS.

98. On ne met pas d'accent sur l'*e* dans les 3 circonstances suivantes :

1° Devant deux consonnes semblables : *TErre, bElle, cEtte, cEsse*, etc.

2° Devant un *x* : *SExe, Exemple*.

3° Devant une consonne qui termine la syllabe : *VErtu, Estime, bErger, assEz.* — Exceptions : *Après, forêt*, etc.

99. On met un accent grave sur l'*e*, quand il y a un *e muet* dans la syllabe suivante : *Fidèlement, il espèrera*. — Mais on écrira : *Fidélité, espérance*, parce qu'il n'y a pas d'E muet dans la syllabe suivante.

Il faut excepter de cette règle la syllabe *ége* et la syllabe *ée*, qui prennent un accent aigu quoiqu'il y ait un *e muet* après : Un *siége, je crée*.

DU TRÉMA.

100. On écrivait autrefois les mots suivants avec un tréma : *poëme, poëte, poëtique, poësie, Noë, Noel, Israel, israëlite*, et quelques autres. On les écrit maintenant avec un accent. — (*Noel* et *Israel* ne prennent pas d'accent, parce que l'*e* est devant une consonne qui termine la syllabe. Voyez la règle 98).

101. On emploie le tréma dans les mots suivants : *Ciguë, aiguë, exiguë*, etc. — Il serait plus raisonnable de placer le tréma sur l'*u* (et non sur l'*e*), puisque c'est l'*u* qu'il s'agit de prononcer séparément de l'*e*; mais l'usage en a décidé autrement.

DE LA CÉDILLE.

102. La cédille ne s'emploie que devant l'*a*, l'*o*, et l'*u*, pour donner au *c* le son de l'*s* : *Façade, façon, reçu*. — Ce serait sans utilité qu'on la placerait devant l'*e* et l'*i* :

Recevoir, *adoucir*. (N'écrivez donc pas : *Reçevoir*, *adouçir*.)

Du Trait d'union.

103. On met un trait d'union entre les pronoms personnels et l'adjectif *même* : *Moi-même*, *toi-même*, etc.

104. On met un trait d'union entre le verbe et les pronoms *sujets* : *je*, *tu*, *il*, *elle*, *nous*, *vous*, *ils*, *elles*, *ce*, *on* : *Irai-je? est-ce vrai? que dit-on?* etc.

105. On met un trait d'union entre le verbe et les pronoms *régimes* : *Moi*, *toi*, *nous*, *vous*, *le*, *la*, *les*, *lui*, *leur*, *y*, *en* : *Donne-moi*, *tais-toi*, *prenez-le*, *venez-y*, *parlez-en*, etc.

Si l'impératif a deux pronoms, on emploie deux traits d'union : *Donne-le-moi*, *prenez-le-lui*, etc.

106. On met un trait d'union entre l'adverbe *très* et le mot qui suit : *Très-bon*, *très-bien*.

107. Il faut réunir par un trait d'union les adjectifs numéraux : *Dix-sept*, *dix-huit*, *dix-neuf*, *quatre-vingt-un*, *quatre-vingt-dix-neuf*, etc.

Excepté : *Vingt et un*, *trente et un*, et tous ceux où se trouve la conjonction *et*.

Autre exception : Les mots *cent*, *mille*, et *million* ne doivent jamais être suivis ni précédés d'un trait d'union : *quatre cent mille*, *cinq cents millions*, etc.

EXERCICE SUR LES ACCENTS ET AUTRES SIGNES ORTHOGRAPHIQUES.

Cet Exercice n'offre pas de fautes. L'Elève le *copiera* tel qu'il est; il *soulignera* les mots qui font l'objet de l'Exercice; et à la fin de chaque numéro, il expliquera *par écrit* la règle qui concerne les mots soulignés.

1. Elle possède une très-belle terre, elle espère y aller cette année. 2. Elles ont l'espérance de vous voir. 3. Elle se livre à des exercices très-violents. 4. Il s'acquitte fidèlement de ses devoirs. 5. Nous pourrons compter sur sa fidélité. 6. Donnez-moi un siége. 7 Mettez cette belle épée sur la cheminée. 8. Il a eu une maladie aiguë. 9. La ciguë est une plante dangereuse. 10. Ma maison est contiguë à la vôtre. 11. C'est un bon poète. 12. Mon frère s'occupe de poésie. 13. Je l'ai reçu sans façon. 14. Nous balançâmes à lui donner ceci. 15. Je le lui dirai moi-

même. 16. Dites-le-lui donc. 17. Que me dites-vous? 18. Que lui avez-vous dit? 19. Ote-toi de là. 20. Prêtez-le-moi. 21. Transportez-vous-y. 22. C'est très-bien. 23. Elle a un très-bon caractère. 24. Je suis né en dix-sept cent quatre-vingt-dix-neuf. 25. Cet hôtel a coûté cinq cent mille francs. 26. Deux cents millions d'hommes. 27. La vertu est estimée. 28. Une forêt d'arbres à liége. 29. Elle a été complètement ruinée. 30. Il vous protégera. 31. Venez avec moi chez cette personne. 32. Les fêtes de Noel.

CHAPITRE XI. — *De la Ponctuation.*

DE LA VIRGULE.

108. On emploie la virgule pour séparer les parties semblables d'une phrase, comme les sujets, les verbes, les qualificatifs, etc., avec ou sans complément :

Le *père*, la *mère*, les *enfants* sont partis.
Il *allait, venait, montait, descendait.*
Ce jeune homme est *bon, généreux, instruit, modeste.*
Il a été *nourri par sa mère, élevé par son oncle, protégé par ses amis.*

109. On sépare par une virgule les propositions qui ont peu d'étendue :

Je suis venu, je l'ai salué, je suis reparti.

Si les propositions ont une certaine étendue, on les sépare par un point-virgule. (Voyez ci-après, n° 114.)

110. On met entre deux virgules les mots qui sont au vocatif ou en apostrophe :

Il faut, *mon ami,* que je vous remercie.

Ainsi que les mots explicatifs qui pourraient être retranchés de la phrase sans nuire au sens; dans ce cas, les virgules tiennent lieu de parenthèses :

Dieu, *qui est partout,* voit nos actions.
(On pourrait dire sans nuire au sens : *Dieu voit nos actions.*)
Le vaisseau, *fendant les ondes,* disparut à nos yeux.
(On pourrait dire : *Le vaisseau disparut à nos yeux.*)
Ce jeune homme, *après avoir fini ses études*, alla étudier la médecine à Paris.
(On pourrait dire : *Ce jeune homme alla étudier la médecine à Paris.*)

111. On emploie la virgule pour tenir la place d'un verbe sous-entendu :

L'un est bon ; l'autre, mauvais (c.-à-d. l'autre *est* mauvais.)

112. On se sert de la virgule avant un verbe séparé de son sujet par une certaine quantité de mots :

L'homme dont je vous ai parlé hier au soir, *est arrivé*.

113. On met une virgule avant une proposition qui commence par une des conjonctions *si, quand, lorsque, quoique,* etc. :

Vous viendrez me voir à la campagne, *quand vous en aurez le temps*.

DU POINT-VIRGULE.

114. On emploie le point-virgule pour séparer les propositions qui ont une certaine étendue :

Il avait plus de connaissances que les enfants de son âge ; il parlait assez bien plusieurs langues ; il cultivait avec succès la musique et le dessin ; mais un amour-propre excessif ternissait ses talents.

Nota. Quand les propositions ont peu d'étendue, on les sépare par des virgules. (Voyez le nº 109.)

115. On sépare par un point-virgule les phrases dont les membres sont déjà séparés par une virgule :

Chez les étrangers, cet enfant est doux, honnête, prévenant ; chez lui, il est vif, emporté, peu docile.

DES DEUX-POINTS.

116. On emploie les deux-points quand on rapporte les paroles de quelqu'un, ou quand on fait une citation :

Virgile a dit : Un travail assidu et opiniâtre surmonte toutes les difficultés.

Voici ce qu'on lit dans un journal : La foudre est tombée hier sur le clocher de la Cathédrale, et a endommagé la voûte de ce bel édifice.

117. On emploie les deux points après une proposition qui annonce des détails ou une énumération :

Tout me plaît chez cette personne : paroles, regard, gestes.
Voici trois choses qui vous manquent : attention, bonne volonté, et patience.

Nota. Dans ce cas, les deux points tiennent lieu des mots *savoir, c'est-à-dire*.

118. On emploie les deux points devant une proposi-

tion qui sert de développement, d'explication à ce qui précède :

Il faut être indulgent pour les autres ; nous avons souvent besoin qu'on le soit pour nous.

Travaillez avec constance : c'est le seul moyen de réussir.

Nota. Dans ce cas, les deux points tiennent lieu des mots *parce que, car.*

Du Point.

119. On emploie le point à la fin d'une phrase dont le sens est entièrement achevé :

La santé est le premier des biens.

120. Quand on écrit un mot en abrégé, on place un point à l'endroit du mot où l'on supprime des lettres :

Masc. fém. sing. plur. indic. prés.
S. M. (Sa majesté). J.-C. (Jésus-Christ).

Du Point d'interrogation.

121. Le point d'interrogation se place à la fin d'une phrase interrogative :

Qui êtes-vous? D'où venez-vous?

Du Point d'exclamation.

122. Le point d'exclamation se met à la fin des phrases qui expriment une exclamation de surprise, de terreur, de joie, en un mot quelque émotion ; — et après les interjections :

Ha! Vous m'avez fait peur!
Ah! Qu'il me tarde de le voir!

EXERCICE SUR LA PONCTUATION.

Le Maître donnera à l'Elève un livre écrit d'un style très-simple, (des historiettes par exemple), et lui fera rendre compte, de vive voix ou par écrit, de la ponctuation qui s'y trouve.

Cet Exercice remplacera celui qui consiste à faire ponctuer des passages dont on a enlevé tous les signes de la ponctuation : il est bien plus facile à des enfants de *rendre compte* d'une ponctuation écrite que d'en *composer* une qui manque entièrement.

FIN DE LA GRAMMAIRE DES COMMENÇANTS.

TABLE DES MATIÈRES.

2e *Partie* : ANALYSE GRAMMATICALE.

1re Partie de l'Analyse : *Classification des Mots*.

2e Partie de l'Analyse : *Fonctions des Mots*.

3e *Partie :* ORTHOGRAPHE DE PRINCIPES.

FIN DE LA TABLE.

OUVRAGES DE M. CLOUZET AÎNÉ.

DIVISION DE LA GRAMMAIRE, ou Plan d'une Grammaire complète de la langue française. — Tableau synoptique. 10 c.

INTRODUCTION A L'ÉTUDE DE LA GRAMMAIRE FRANÇAISE, ou Exercices d'Orthographe pour le 1er et le 2e âge, et en général pour tout commençant. — In-18. (4e édition)........ 50 c.

PETIT TRAITÉ D'ORTHOGRAPHE, ou Recueil des Règles d'Orthographe les plus utiles pour les commençants, et dont on trouve l'application dans les *Exercices d'Orthographe pour le 1er et le 2e âge*. — In-18........................ 20 c.

GRAMMAIRE DES COMMENÇANTS, divisée en 3 parties : Conjugaison, Analyse grammaticale, et Orthographe de principes; avec des *Exercices* sur chacune de ces parties. — In-12. (2e édition)... 75 c.

GRAMMAIRE FRANÇAISE SUR UN PLAN ENTIÈREMENT NOUVEAU, divisée en 5 parties : Conjugaison, Analyse grammaticale, Analyse logique, Orthographe, et Orthologie. — In-12. (2e édition)... 1 fr. 50 c.

PROGRAMME DE QUESTIONS sur les 3 premières parties de cette Grammaire. — In-12.. 10 c.

EXERCICES DE PRONONCIATION FRANÇAISE, à l'usage des Étrangers, des Enfants, et des personnes qui ont quelque vice de prononciation. — In-18.............................. 30 c.

MODÈLE DES QUATRE CONJUGAISONS et des différentes espèces de Verbes de la langue française. — Grand tableau synoptique... 25 c.

MÉCANISME DE LA CONJUGAISON FRANÇAISE, et Application de ce Mécanisme à plus de 1600 verbes considérés, mal-à-propos, par la plupart des Grammairiens, comme difficiles ou irréguliers. — In-12, avec Tableau synoptique....... 20 c.

DE L'ANALYSE GRAMMATICALE. — Traité complet en 3 grands tableaux synoptiques.................................. 75 c.

PETIT TRAITÉ-PRATIQUE DES PARTICIPES. — In-32. (Ouvrage épuisé).

COLLECTION de petits Tableaux synoptiques pour la Conjugaison et l'Analyse grammaticale.— In-4°. (Ouvrage épuisé).

RÉSUMÉ DES PRINCIPES DE LA STÉNOGRAPHIE (système d'Aimé Paris). — 2e édition.— Tableau synoptique, ou in-12. (Ouvrage épuisé).

PENSÉES MORALES ET POÉSIES, écrites en caractères sténographiques (d'après le système d'Aimé Paris). — In-12. (Ouvrage épuisé).

CENTILOQUIUM ou Recueil de 100 maximes, écrites en caractères sténographiques (d'après le système d'Aimé Paris). — In-24.. 50 c.

MÉLANGES EN PROSE ET EN VERS, écrits en caractères sténographiques (d'après le système de Bertin). — In-12.. 2 fr.

JEU DE TOUT UN PEU. — Jeu amusant et instructif pour tous les âges, dédié à ses Elèves. — In-18............ 1 fr. 50 c.

ECHELLE DES PEUPLES, ou Epoques de leur origine. — Tableau synoptique.. 10 c.

www.ingramcontent.com/pod-product-compliance
Lightning Source LLC
Chambersburg PA
CBHW052100270326
41931CB00012B/2827

* 9 7 8 2 0 1 3 7 3 5 1 1 7 *